BLUTDRUCK SENKEN KOCHBUCH FÜR EINE NATÜRLICHE BLUTHOCHDRUCK SENKUNG

200 EINFACHE, LECKERE UND ENTZÜNDUNGSHEMMENDE REZEPTE FÜR GESUNDE UND STARKE GEFÄSSE. INKL. 14-TAGE-ERNÄHRUNGS-PROGRAM

VICTORIA NEUMANN

Copyright © 2023 Victoria Neumann

Alle Rechte vorbehalten.

ISBN: 9798396297104

INHALTSVERZEICHNIS

Einleitung 11

Was ist Bluthochdruck? 12
Unterscheidung in Schweregrade bei Bluthochdruck 12
   Was ist eine hypertensive Krise? *13*
   Was ist ein Hypertonie-Notfall? *13*
   Was sind primäre und sekundäre Hypertonie? *13*
Ursachen für primären und sekundären Bluthochdruck genauer erklärt
.... 14
   Ursachen für den primären Bluthochdruck *14*
   Ursachen für den sekundären Bluthochdruck *15*
Bluthochdruck – Ist die Erkrankung erkennbar? 16
Wie regelt der Körper eigentlich den Blutdruck? 17

Symptome bei Bluthochdruck 18
Was passiert, wenn Bluthochdruck nicht behandelt wird? 20
Folgeerkrankungen durch Bluthochdruck 20
   Die Warnzeichen Ihres Körpers bei Bluthochdruck *21*

Diagnose Bluthochdruck – Was können Sie tun? 22
Bluthochdruck senken mit Ernährungsumstellung, Bewegung und Sport
.... 23
Behandlung mit Medikamenten 24
Bluthochdruck auf natürliche Weise senken 25
Homöopathie zur Unterstützung verwenden 25
Welchen Einfluss hat Salz auf Bluthochdruck? 26

**Die richtige Ernährung – Bluthochdruck senken mit den richtigen
Nahrungsmitteln** 27
Bei der Ernährung auf Mikronährstoffe achten 28
Die Ernährung im Alltag 29
Wahre Blutdrucksenker in der Küche 29
   Obst- und Gemüsesorten *30*
   Kräuter und Gewürze für eine blutdrucksenkende Ernährung *31*
   Fisch und seine positiven Eigenschaften bei zu hohem Blutdruck *32*
   Mit Milchprodukten und Getreide Bluthochdruck senken *32*
   Regelmäßige Gewichtskontrolle *33*

Lebensstil optimieren und Veränderungen herbeiführen **34**
Mehr Bewegung in Ihr Leben bringen 34
Stress minimieren oder ganz vermeiden 36
Lavendel und Zirbelkiefer für eine Aromatherapie verwenden 36

14-Tage-Ernährungsplan, um Bluthochdruck zu senken **38**
Das Frühstück 39
Das Mittagessen 39
Das Abendessen 40
Snacks für zwischendurch 40

Rezepte **43**

Frühstück **44**
Kakaopancakes 44
Buntes Omelett 45
Blauer Smoothie 45
Exotischer Brotaufstrich 46
Fruchtiger Armer Ritter 46
Gesunde Waffeln 47
Erdnuss-Himbeer-Smoothie 47
Selbstgemachte Energieriegel 48
Mandel-Beeren-Toast 48
Kirsch-Zimt-Haferbrei 49
Mediterranes Omelett 49
Lachs-Ei-Sandwich 50
Frühlings-Frittata 50
Apple Crumble 51
Schnelles Rührei mit Fisch 51
Frühlings-Frittata 52
Joghurt-Parfait 52
Eierspeise mit Pilzen 53
Apfelstrudel-Smoothie 53
Mexikanisches Frühstück 54
Mango-Bananen-Smoothie 54
Früchtesoufflé 55
Hafer-Pancakes 55
Protein-Obst-Shake 56
Frühstücksmuffins 56
Dattel-Walnuss-Porridge 57
Erdbeershake mit Seidentofu 57

Süßer Erdbeer-Rhabarber-Shake 58
Wellnessdrink mit Beeren 58
Superfood-Smoothie 59
Tropischer Smoothie 59
Bananen-Mandel-Smoothie 60
Gelber Frühstücksdrink 60

Leichtes & Vorspeisen **61**
Italienische Vorspeise 61
Scharfer Dip 62
Hähnchen-Schaschlik 62
Avocado-Dip 63
Süßer Dip 63
Quesadilla mit mediterranen Zutaten 64
Hummus mit Knoblauch 64
Frischer Sommersalat 65
Knackiger Nudelsalat 65
Pekannuss-Snack 66
Sommersalat mit Kichererbsen 66
Zucchini-Röllchen mit Ziegenkäse 67
Fruchtiger Avocado-Salat 67
Gesunder Kartoffelsalat 68
Rotkrautsalat 68
Kalter Curry-Couscous 69
Universelle Erdnusssauce 69
Gefüllte Champignons 70
Fenchelsalat 70
Kichererbsen-Pattys 71
Kartoffelsalat 71
Salat mit scharfer Hühnchenbrust 72
Fruchtige Salsa 72
Knackiger Chicorée-Salat 73
Cranberry-Sauce 73
Oliven-Bruschetta 74
Fruchtig-leichter Spinatsalat 74

Suppen, Currys & Eintöpfe **75**
Gemüsesuppe mit Rindfleisch 75
Karotten-Ingwer-Suppe 76
Einfache Zwiebelsuppe 77
Linsensuppe 77

Gemüsebrühe für kalte Tage 78
Lauch-Sellerie-Süppchen 78
Curry mit roten Linsen 79
Kalte Tomatensuppe 79
Louisiana-Hühnchen-Eintopf 80
Bauernsüppchen 80
Sommerliche Suppe 81
Kichererbsen-Curry 81
Vitaminsüppchen 82
Paprika-Linsen-Curry 82
Scharfe Tomaten-Paprika-Suppe 83
Süße Dessertsuppe 83
Kaltes Avocadosüppchen 84
Gemüsesuppe für kalte Tage 84
Rote Blumenkohlcremesuppe 85
Frühlingssuppe mit Bohnen 86
Spargelsuppe 86
Suppe mit Artischocken und Linsen 87
Blumenkohlsüppchen 88
Pastinakensuppe mit Linsen 89
Tomatensuppe mit Rindfleisch aus dem Schongarer 89
Schwedische Dessertsuppe 90
Tomaten-Apfel-Suppe 90
Bauernsuppe 91
Karottensuppe 91
Italienische Nudelsuppe 92
Exotische Erdnusseintopf 92

Brot & Beilagen **93**
Honig-Vollkornbrot 93
Brot mit Sonnenblumenkernen 94
Brotstangen 95
Leichte Brötchen 95
Vollkornbrötchen 96
Selbstgemachtes Vollkornbrot 97
Karotten aus dem Ofen 98
Grünkohl mit Knoblauch 98
Minzige Zuckerschoten 99
Spargel-Mandel-Beilage 99
Gegrillter Mais 100
Scharfer Süßkartoffelbrei 100

Fruchtiger Rosenkohl *101*
Gesunde Pommes *101*
Pilze mit asiatischem Touch *102*
Sahnespinat *102*
Frühlingskartoffelbrei *103*
Süße Kichererbsenbeilage *103*
Bohnen auf mediterrane Art *104*
Quinoa mit frischem Kick *104*
Herzhafte Muffins *105*
Orientalischer Couscous *105*
Asia-Spinat *106*
Apfelrotkohl *106*

Hauptgerichte **107**
Reis mit Brokkoli und Pilzen *107*
Thunfisch-Nudelauflauf *108*
Tomaten-Bohnen-Ragout *109*
Vollkornnudeln asiatisch angehaucht *109*
Quinoa auf italienische Art *110*
Spaghetti mit Gemüse und Walnusspesto *110*
Einfaches Bohnen-Reis-Gericht *111*
Doppeldecker-Sandwich mit Bohnen *111*
Frische Zucchinipasta *112*
Heilbutt mit Zitrusfrüchten *112*
Pilztacos *113*
Einfaches Kabeljaugericht *113*
Lemon Pasta mit Lachs *114*
Hackbällchen Italienischer Art *114*
Steakpfanne mit Pilzen *115*
Frische Limettencreme mit Heidelbeeren *115*
Balsamico-Erdbeeren mit Ricotta *116*
Lachspfanne *116*
Mexikanisches Hühnchen *117*
Texas Chicken *117*
Vegetarischer Reisauflauf *118*
Pilz-Schaschlik *118*
Artischocken-Risotto *119*
Fruchtiges Honig-Senf-Hähnchen *119*
Hühnchen mit Aprikosen und Gemüse *120*
Hühnchenpasta mit Bohnen *120*
Hühnchenpaella *121*

Überbackenes Spicy Chicken ... 121
Hühnchen auf orientalische Art ... 122
Spargel-Hähnchen-Nudeln ... 122
Schneller Nudelauflauf ... 123
Naturreis mit Hühnchen ... 123
Gemüsepasta ... 124
Bauerntopf mit Hühnchen ... 124
Fisch auf französisch Art ... 125
Fisch-Couscous ... 125
Lachs-Schaschlik ... 126
Mariniertes Thunfischfilet ... 126
Kräuterbarsch ... 127
Fisch-Tacos ... 127
Zackenbarsch mit Gemüse ... 128
Heilbutt in Tomatensauce ... 128
Wels im Louisiana-Style ... 129
Teriyaki-Lachs ... 129
Asiatische Fischsuppe ... 130
Buntbarsch mit Knoblauch ... 130
Wels mit nussiger Kruste ... 131
Italienische Quiche ... 131
Nudeln mit gebratenem Gemüse ... 132
Bunte Tahin-Bowl ... 132
Überbackene Bohnen ... 133
Hummus-Sandwich ... 133
Maissuppe ... 134
Focaccia mit gegrilltem Gemüse ... 134
Veggie-Lasagne ... 135

Desserts ... 136
Käsekuchen ... 136
Balsamico-Erdbeeren mit Ricotta ... 137
Frische Limettencreme mit Heidelbeeren ... 137
Grillpflaumen ... 138
Erdbeer-Buttermilch-Eis ... 138
Einfache Zitronenkekse ... 139
Karottenkekse ... 139
Erdnuss-Schoko-Süßigkeit ... 140
Avocadopudding ... 140
Simpler Schokoladenkuchen ... 141
Frisches Bananenmousse mit Rum ... 141

Pfirsich-Joghurt-Dessert 142
Erdbeer-Rhabarber-Apfel-Parfait 142
Süßspeise mit Äpfeln und Birnen 143
Pfirsichkuchen 143
Vollkorn-Schokoplätzchen 144
Pfirsich-Streusel 144
Süße Bananencreme 145
Aprikosen-Crêpes 145
Mangosorbet mit Erdbeersauce 146
Waffeln mit Birnensauce 146
Joghurt mit Müsli und Früchten 147
Beeren-Cookies 147
Apfelringe mit Honig 148
Reispudding mit Früchten 148

Schlusswort **149**

EINLEITUNG

In unserem Körper werden alle Organe mit Blut versorgt. Mit welcher Geschwindigkeit das Blut fließt, wird unter anderem durch den Blutdruck reguliert. Durch ihn wird sichergestellt, dass es dort im richtigen Moment ankommt, wo es gerade gebraucht wird.

Mit jedem Schlag pumpt das Herz Blut durch die Blutgefäße in jeden Winkel unseres Körpers. Von innen entsteht auf die Blutgefäßwände ein Druck, der als Blutdruck bezeichnet wird. Bei der Blutdruckmessung wird in den oberen Blutdruckwert und den unteren Blutdruckwert unterschieden.

Der obere Blutdruckwert, auch als Systole bezeichnet, zeigt auf, welcher Druck in den Arterien entsteht, wenn es zum Zusammenziehen des Herzmuskels kommt und Blut in die Arterien gedrückt wird.

Der untere Blutdruckwert, auch diastolischer Blutdruckwert genannt, gibt den Druck an, mit dem sich das Herz mit Blut füllt und der Herzmuskel entspannt. Genau dieser Druck ist dauerhaft auf die Arterienwände vorhanden.

Der Druck des Bluts wird in der Maßeinheit mmHg (Millimeter-Quecksilbersäule) gemessen. Dabei steht der systolische Wert an erster und der diastolische an zweiter Stelle. Als normaler Blutdruck gilt ein systolischer Wert zwischen 100 und 130 mmHg und ein diastolischer zwischen 60 und 85 mmHg.

Liegen beide Werte dauerhaft deutlich höher, wird von Bluthochdruck beziehungsweise Hypertonie gesprochen. Zu hohe Werte begünstigen Durchblutungsstörungen in den Beinen, Gefäßschäden, Muskelverdickungen im Herz, Herzschwächen, Herzinfarkte, Schlaganfälle und Nierenversagen.

Da die Folgeerkrankungen das Leben nachhaltig beeinflussen, sollten Sie bei Bluthochdruck aktiv werden und Maßnahmen ergreifen. In diesem Buch erfahren Sie, wodurch Bluthochdruck ausgelöst wird und wie Sie diesem entgegensteuern können.

WAS IST BLUTHOCHDRUCK?

Unser Herz ist zwar nur ein Muskel, doch er hält Sie am Leben und sorgt dafür, dass Ihr Organismus optimal mit Blut, Vitalstoffen, Proteinen und Mineralstoffen versorgt wird, um ordnungsgemäß zu funktionieren. Damit das gelingt, pumpt der Herzmuskel das Blut durch die Blutgefäße. Von innen wird durch das Blut ein gewisser Druck auf die Gefäße ausgeübt.

Dieser Druck wird als Blutdruck bezeichnet. Ein Blutdruck im normalen Bereich ist wichtig. Erst durch den Druck kann das Blut durch Ihren Körper fließen und das Gewebe sowie die Organe ausreichend mit Sauerstoff und wichtigen Nährstoffen beliefert werden.

Ist der Blutdruck zu hoch, sprechen Mediziner von einer Hypertonie. Gemeint ist damit in der Regel die sogenannte arterielle Hypertonie. Dabei sind die Arterien, die vom Herz abgehen, einem dauerhaft hohen Druck ausgesetzt. Von Bluthochdruck wird gesprochen, wenn

- der systolische Wert (der obere Blutdruckwert) bei 140 oder mehr mmHg
- und der diastolische Wert (der untere Blutdruckwert) bei 90 und mehr mmHg liegt.

Beide Werte werden im Verhältnis bei den Angaben umgangssprachlich zum Beispiel als „130 zu 85" zusammengefasst. Bei einer schriftlichen Dokumentation wird meist die Kurzform „130/85 mmHg" genutzt.

UNTERSCHEIDUNG IN SCHWEREGRADE BEI BLUTHOCHDRUCK

Die Unterscheidung der Schwere einer Hypertonie wird in drei Graden vorgenommen. Liegen die Blutdruckwerte zwischen normal und Bluthochdruck, bezeichnet die Medizin dieses als hochnormalen Blutdruck.

Anhand der nachfolgenden Auflistung können Sie ablesen, welche Blutdruckwerte bei einer erwachsenen Person normal und hochnormal sind und wann eine Hypertonie vorliegt. Für die jeweilige Bestimmung werden sowohl der systolische Blutwert als auch der diastolische Blutwert herangezogen.

- Normaler Blutdruck – 100-130 mmHg Systole / 60-85 mmHg Diastole
- Hochnormaler Blutdruck – 130-139 mmHg Systole / 85-89 mmHg Diastole
- Hypertonie (Bluthochdruck) Grad 1 – 140-159 mmHg Systole / 90-99 mmHg Diastole
- Hypertonie (Bluthochdruck) Grad 2 – 160-179 mmHg Systole / 100-109 mmHg Diastole
- Hypertonie (Bluthochdruck) Grad 3 – 180 mmHg Systole / 110 mmHg Diastole und höher

Wenn Sie unter Bluthochdruck leiden, kann es auch passieren, dass es zu einem plötzlichen Anstieg des Blutdrucks kommt. Durch bestimmte Beschwerden ist es möglich, dass eine sogenannte „hypertensive Krise" beziehungsweise ein „Hypertonie-Notfall" auftritt. Dann ist sofortiges Handeln unbedingt gefragt.

WAS IST EINE HYPERTENSIVE KRISE?

Bei einer hypertensiven Krise beziehungsweise Blutdruckkrise stellt sich ein kritischer Anstieg des Blutdrucks auf 180/100 mmHg oder höher ein. Auch wenn keine akute Schädigung der Organe eintritt, ist eine rasche Behandlung mit blutdrucksenkenden Medikamenten wichtig.

WAS IST EIN HYPERTONIE-NOTFALL?

Stellt sich ein hypertensiver Notfall ein, befinden Sie sich in einer lebensbedrohlichen Situation. Der Blutdruck steigt kritisch auf 180/100 mmHg oder höher an, wodurch einzelne oder mehrere Organe geschädigt werden. Die entstehenden Schäden sind oftmals lebensbedrohlich und erfordern sorgfältiges, sofortiges Eingreifen, um den Blutdruck zu senken. Dafür ist in der Regel ein Aufenthalt im Krankenhaus nötig, wo Ihnen direkt intravenös blutdrucksenkende Medikamente verabreicht werden.

WAS SIND PRIMÄRE UND SEKUNDÄRE HYPERTONIE?

Bei der primären oder sekundären Hypertonie wird unterschieden, ob Ärzte die Ursache für Bluthochdruck ausfindig machen können oder nicht.

Bei der primären Hypertonie gibt es keine speziellen Ursachen. An dieser Form von Bluthochdruck leiden etwa 9 von 10 Patienten. Hierbei wirken verschiedene Faktoren zusammen, wie beispielsweise Erbanlagen, Geschlecht, Alter, ungesunde Ernährung, Stress, zu hohes Körpergewicht und Mangel an Bewegung, die eine primären Hypertonie begünstigen. Die primäre Hypertonie wird auch als essentielle Hypertonie oder essentieller Bluthochdruck bezeichnet.

Wenn eine sekundäre Hypertonie vorliegt, lassen sich Grunderkrankungen oder Ursachen für den Bluthochdruck ausfindig machen. Das können zum Beispiel Erkrankungen der Nierengefäße, Schlafapnoe oder ein gestörter Hormonhaushalt sein. In der Regel ist eine sekundäre Hypertonie gut behandelbar, wenn die Therapie darauf ausgelegt ist, die Grunderkrankung zu behandeln.

Wichtig ist, dass frühzeitig die Ursache für eine sekundäre Hypertonie erkannt wird und eine Behandlung erfolgt. Gerade bei jüngeren Menschen, die von einer sekundären Hypertonie betroffen sind, kann sich der Blutdruck dann wieder vollständig normalisieren.

URSACHEN FÜR PRIMÄREN UND SEKUNDÄREN BLUTHOCHDRUCK GENAUER ERKLÄRT

Die Ursachen für primären und sekundären Bluthochdruck können weitaus umfangreicher sein, als bisher beschrieben. Darum möchte ich Ihnen nachfolgend aufzeigen, welche Faktoren für die Entstehung einer primären und sekundären Hypertonie verantwortlich sind.

URSACHEN FÜR DEN PRIMÄREN BLUTHOCHDRUCK

Warum der primäre Bluthochdruck überhaupt entsteht, konnte bisher noch nicht eindeutig geklärt werden. Es sind allerdings mittlerweile einige Ursachen bekannt, die die Entstehung der primären Hypertonie begünstigen:

- Neigung zu hohem Blutdruck in der Familie
- ein Body-Mass-Index von mehr als 25, also starkes Übergewicht
- mangelnde Bewegung
- hoher Konsum von Salz
- hoher Konsum von Alkohol
- geringe Zufuhr von Kalium, weil beispielsweise kein frisches Obst und Gemüse gegessen wird
- Rauchen
- das Alter, bei Männern ab etwa 55 Jahren, bei Frauen ab etwa 65 Jahren

Bei Frauen gibt es oftmals außerdem einen Zusammenhang zwischen Bluthochdruck und den Wechseljahren, denn häufig tritt dann bei Frauen eine Hypertonie auf, wenn die fruchtbaren Jahre vorbei sind. Im Durchschnitt sind ab einem Alter von 75 Jahren mehr Frauen als Männer von Bluthochdruck betroffen.

In Verbindung mit Bluthochdruck sollten Sie Faktoren wie Stress nicht unterschätzen. Dieser gilt zwar nicht allein als Ursache für Bluthochdruck, doch Menschen, die häufig unter Stress und seelischer, nervlicher Anspannung stehen, neigen eher dazu. Meistens ist eine Hypertonie psychosomatisch bedingt.

Das zeigt, dass nicht nur körperliche Funktionsstörungen Grund für Bluthochdruck sind, sondern mitunter auch psychische Ursachen vorliegen können. Weitere einflussnehmende Faktoren, die überdurchschnittlich häufig mit einem primären Bluthochdruck in Verbindung stehen, sind folgende Erkrankungen:

- Fettleibigkeit (Adipositas und Übergewicht)
- Erhöhte Blutfettwerte
- Diabetes Typ 2

Treten diese drei Faktoren zusammen mit Bluthochdruck auf, bezeichnen Mediziner dieses als metabolisches Syndrom.

URSACHEN FÜR DEN SEKUNDÄREN BLUTHOCHDRUCK

Wenn Sie unter sekundärer Hypertonie leiden, ist oftmals eine andere Erkrankung für die Entstehung von Bluthochdruck verantwortlich. Häufig leiden Patienten unter einer Stoffwechselstörung wie beispielsweise dem Cushing-Syndrom, Gefäßerkrankungen oder Nierenerkrankungen.

Eine Verengung der Nierenarterie und chronische Nierenerkrankungen wie Zysten in den Nieren oder chronische Glomerulonephritis können Ursache für einen zu hohen Blutdruck sein. Auch eine Verengung der Hauptschlagader führt zu einer Hypertonie.

Als möglicher Auslöser für einen sekundären Bluthochdruck wird auch das Schlafapnoe-Syndrom, eine Atemstörung beim Schlafen gesehen. Ebenfalls können bestimmte Medikamente einen erhöhten Blutdruck auslösen. Dazu zählen zum Beispiel Hormonpräparate wie die Anti-Baby-Pille und Medikamente gegen Rheuma. Bestimmte Drogen wie Amphetamine und Kokain können dazu führen, dass sich eine krankhafte Erhöhung des Blutsdrucks einstellt.

Eher selten beruht eine Hypertonie auf einer Störung des Hormonhaushalts. Bluthochdruck kann aber durch folgende Hormone ausgelöst werden:

- **Cushing-Syndrom:** Dabei wird vom Körper eine zu große Menge an Kortisol produziert. Durch dieses Hormon werden zahlreiche Stoffwechselvorgänge beeinflusst. Ausgeschüttet wird Kortisol unter anderen, wenn Sie vermehrt Stress haben.
- **Conn-Syndrom (Primäre Hyperaldosteronismus):** Bei Störungen in der Nierennebenrinde, die durch Tumore hervorgerufen werden kann, wird eine große Menge des Hormons Aldosteron produziert.
- **Phäochromozytom:** Hierbei handelt es sich um einen Tumor in der Nebenniere, der meist gutartig ist. Dieser sorgt aber dafür, dass Stresshormone wie Adrenalin oder Noradrenalin ausgeschüttet werden. Eine Überproduktion führt zu Bluthochdruck, der mit Schwindel, Herzrasen und Kopfschmerzen einhergeht.

- **Akromegalie:** Ein oftmals gutartiger Tumor, der sich im vorderen Lappen der Hirnanhangdrüse befindet, sorgt für eine unkontrollierte Ausschüttung von Wachstumshormonen. Das führt dazu, dass bestimmte Körperteile wie Unterkiefer, Kinn, Hände, Nase, Füße und die Wülste an den Augenbrauen sich vergrößern.
- **Androgenitales Syndrom:** Dies ist eine erblich bedingte Stoffwechselerkrankung, die zu einer gestörten Produktion von Kortisol und Aldosteron in der Nebenniere führt. Verantwortlich ist dafür ein Gendefekt, weshalb eine Behandlung nicht möglich ist.
- **Schilddrüsenfunktionsstörung (Hyperthyreose):** Liegt eine Hyperthyreose, also eine Schilddrüsenüberfunktion vor, kann sich häufig auch eine Hypertonie einstellen.

Als Auslöser für Bluthochdruck stehen auch Erkrankungen der Wirbelsäule und/oder eine Fehlhaltung des Körpers im Verdacht. Wissenschaftler haben herausgefunden, dass Menschen, die unter Nackenschmerzen leiden, oftmals auch Bluthochdruck haben. Gibt es beispielsweise eine Fehlstellung im Bereich des Atlas, also dem ersten Halswirbel, wird dadurch ein Teil der Verlängerung des Rückenmarks gequetscht und kann sogar beschädigt werden.

An dieser Stelle befindet sich quasi die Schaltzentrale für Kreislauf und Blutdruck. Bei einer Schädigung fallen die Steuerzentren aus. Sind ständig Verspannungen in den Muskeln um die Halswirbelsäule vorhanden, die durch eine Blockade im Nacken und Rücken entstehen, kommt es zusätzlich zu negativen Auswirkungen auf den Blutdruck.

BLUTHOCHDRUCK – IST DIE ERKRANKUNG ERKENNBAR?

Normalerweise spüren Sie nicht, wenn Ihr Blutdruck zu hoch ist. Symptome treten meistens erst auf, wenn die Werte sehr hoch sind. Das merken Sie dann zum Beispiel daran, dass Sie Ohrensausen haben, Ihnen schwindelig ist oder Sie Nasenbluten bekommen. Dann sollten Sie eine Blutdruckmessung durchführen und schauen, wie sich die Blutdruckwerte verändern.

Wussten Sie, dass ungefähr ein Drittel der Bevölkerung an Bluthochdruck leidet?

„Gesundheit in Deutschland aktuell", kurz GEDA, hat im Zeitraum von 2014 bis 2015 eine Befragung durchgeführt. Demnach leiden an ärztlich festgestellter Hypertonie etwa 32 von 100 erwachsenen Personen. Nach Geschlecht aufgeschlüsselt zeigt sich, dass etwa 31 Frauen und knapp 33 Männer von 100 an mit Bluthochdruck zu kämpfen haben. Mit steigendem Alter nimmt die Häufigkeit zu.

Kinder und Jugendliche unter 18 Jahre können auch an Bluthochdruck leiden. In

Deutschland hat von 100 Kindern 1 bis 3 eine primäre Hypertonie.

WIE REGELT DER KÖRPER EIGENTLICH DEN BLUTDRUCK?

Der Körper ist ein hochkompliziertes System, ähnlich wie ein Schweizer Uhrwerk. Damit dieses einwandfrei funktioniert, ist ein Ineinandergreifen von unterschiedlichen Abläufen essentiell. Das gilt auch für das komplexe und komplizierte System, das hinter unserem Blutdruck steckt. Die wichtigsten Komponenten für den Blutdruck sind:

- der Sympathikus-Nerv des sympathischen Nervensystems
- das RAS (Renin-Angiotensin-System)
- Nieren und Nebennieren (unter anderem produzieren die Nebennieren das Hormon Aldosteron, das auf den Blutdruck einwirkt)
- der Wasser- und Salzhaushalt in unserem Körper
- die Blutgefäße (hauptsächlich die elastischen großen Schlagadern wie die Aorta)
- die Barorezeptoren beziehungsweise Druckfühler, die sich an der Halsschlagader befinden

Der zentrale Regler für den Blutdruck ist das sympathische Nervensystem. Dazu kommen die Stresshormone Adrenalin und Noradrenalin, die auch als Neurohormone bezeichnet werden sowie das meist nicht so bekannte RAS (Renin-Angiotensin-System).

Liegt eine Überaktivität des sympathischen Nervensystems vor, die beispielsweise durch Stress hervorgerufen wird, geht Ihr Körper in den Verteidigungs- oder Angriffsmodus über. Dadurch wird der Herzschlag erhöht. Das hat zur Folge, dass der Blutdruck steigt. Daran beteiligt sind auch die Nieren, die unter anderem das Enzym Renin in einer größeren Menge bilden, wodurch auch das extrem auf den Blutdruck wirkende Hormon Angiotenin II ansteigt.

Die Nebennieren sorgen dafür, dass beispielsweise Hormone wie Aldosteron vermehrt abgegeben werden. Eine weitere wichtige Größe für den Blutdruck ist die Elastizität. Damit ist die Anpassungsfähigkeit der wichtigen Schlagadern gemeint, die auf eine Veränderung des Drucks reagieren. Vor allen Dingen betrifft das die großen Arterien wie die Aorta oder die Halsschlagader.

Durch bestimmte Reize des Kreislaufs können auch kleinere Schlagadern eine höhere Spannung vorweisen. Nicht nur alle zusammen, sondern auch jedes einzelne Element beeinflussen Ihren Blutdruck. Sind ständig Einflüsse vorhanden, die den Blutdruck in die Höhe treiben und das erhöhte Niveau aufrechterhalten, kommt es zu einem zu hohen Druck, der kontinuierlich vorhanden ist. Wird eine Therapie gegen Bluthochdruck durchgeführt, ist das Renin-Angiotensin-(Aldosteron-)System bei der Behandlung ein zentraler Ansatzpunkt.

SYMPTOME BEI BLUTHOCHDRUCK

Symptome, die bei Bluthochdruck auftreten können, schädigen die Organe und können sogar lebensbedrohlich sein. Es können Kopfschmerzen auftreten und Sehstörungen könnten sich einstellen. Möglich sind auch Luftnot, Schwindel, Sprachstörungen, Probleme bei Bewegungsabläufen und Schmerzen in der Brust. Nicht nur das Herz, sondern auch sämtliche andere Organe wie die Nieren und das Gehirn können durch Bluthochdruck geschädigt werden.

Sie fragen sich jetzt sicherlich, wodurch Bluthochdruck hervorgerufen wird. Generell hängt der Blutdruck davon ab, wie viel Blut vom Herz durch den Körper in einem bestimmten Zeitraum gepumpt wird. Dazu kommt, wie groß der Widerstand der Adern ist, die das Blut transportieren.

Wird in einem speziellen Zeitfenster deutlich mehr Blut gepumpt oder ist ein größerer Widerstand in den Gefäßen vorhanden, erhöht sich natürlich der Druck. In diesem Fall wird dann von Bluthochdruck gesprochen. Es können aber gleichzeitig auch beide Faktoren auftreten.

Begünstig wird Bluthochdruck durch die erbliche Genetik und Faktoren wie Geschlecht und Alter. Auch ein ungesunde Ernährung und Lebensweise sind verantwortlich dafür, dass sich eine Hypertonie einstellt.

Bluthochdruck wird jedoch nicht zwangsläufig vererbt. Einfluss auf die Entstehung von Bluthochdruck hat allerdings der eigene Lifestyle. Leiden Sie an Übergewicht oder Adipositas, trinken Sie viel und häufig Alkohol, rauchen Sie, essen Sie salzhaltige Speisen, haben Sie Angststörungen oder übermäßig viel Stress, treiben Sie keinen Sport oder sonstige körperliche Aktivitäten, tragen Sie dazu bei, dass sich das Risiko deutlich erhöht und bei Ihnen Bluthochdruck entsteht.

Grundsätzlich ist es bei Bluthochdruck so, dass sich keine eindeutigen Symptome zeigen. Darum wird lange Zeit ein erhöhter Druck auf die Gefäße gar nicht bemerkt. Wer unter Bluthochdruck leidet, trägt eine „stille" Gefahr in sich. Eine frühzeitige Behandlung und Therapie ist aber essentiell, damit Folgeschäden verhindert werden können. Sie entstehen aus vorangegangenen Symptomen, die Sie sehr wahrscheinlich gar nicht ernst genommen haben. Mögliche Anzeichen für eine Hypertonie sind:

- Kopfschmerzen, vorwiegend am Morgen
- Schlafstörungen
- Schwindel
- Nervosität
- Ohrengeräusche wie Tinnitus und Ohrensauen
- Ermüdungserscheinungen und Müdigkeit
- Atemprobleme und Kurzatmigkeit
- Nasenbluten
- Übelkeit
- Gerötetes Gesicht

Bei Bluthochdruck sind Kopfschmerzen typisch, die sich kurzzeitig nach dem Aufwachsen eher im Hinterkopf befinden. Sie entstehen durch einen zu hohen Blutdruck in der Nacht, der normalerweise beim Schlafen sinkt. Durch den nächtlichen Bluthochdruck stellen sich Probleme beim Einschlafen und Durchschlafen ein. Leiden Sie zusätzlich an einer Schlafapnoe, fühlen Sie sich am nächsten Tag wie gerädert und nicht ausgeruht. Ein weiteres mögliches Anzeichen für Bluthochdruck ist eine gerötete Gesichtshaut. Manchmal zeigen sich auch rote Äderchen, die gut zu erkennen sind.

Nicht selten geht Bluthochdruck mit Kurzatmigkeit und Nervosität einher. Von Frauen, die sich im mittleren Alter befinden, werden Bluthochdruck-Symptome oftmals falsch interpretiert, weil sie diese mit Wechseljahresbeschwerden oder mit Stress in Verbindung bringen.

Bluthochdruck-Symptome sind den Wechseljahresbeschwerden sehr ähnlich. Häufig stellen sich Hitzewallungen, vermehrtes Schwitzen und Stimmungsschwankungen ein. Wenn Sie sich nicht sicher sind, sollten Sie die auffälligen Anzeichen, die auch bei Bluthochdruck auftreten, bei Ihrem Arzt abklären lassen.

Den Arzt um Rat befragen sollten Sie auch, wenn Sie häufiger unter Schwindel leiden, weil dies ebenfalls ein häufiges Symptom bei Bluthochdruck ist. Die Anzeichen für eine Hypertonie können sich bei manchen Menschen in der kalten Jahreszeit verstärken.

WAS PASSIERT, WENN BLUTHOCHDRUCK NICHT BEHANDELT WIRD?

Auch wenn Sie länger keine typischen Symptome haben, die bei Bluthochdruck auftreten, muss Ihr Herz einen deutlich höheren Aufwand betreiben, um das Blut in die Gefäße zu pumpen. Dadurch entstehen natürlich gesundheitliche Folgen. Ist der Blutdruck dauerhaft auf einem erhöhten Niveau, werden dadurch die Blutgefäße geschädigt. Das führt dazu, dass sich das Risiko erhöht, dass sich Herz-Kreislauf-Erkrankungen einstellen.

Bluthochdruck schädigt zahlreiche Organe, wodurch die Funktionsfähigkeit beeinträchtigt wird. Das kann zu schwerwiegenden, dauerhaften Organschäden führen. Wird Bluthochdruck nicht behandelt, führt das in der Regel zu einem weiteren Anstieg.

FOLGEERKRANKUNGEN DURCH BLUTHOCHDRUCK

Bluthochdruck hat einen negativen Einfluss auf die Blutgefäße und führt zu Gefäßverengungen und Gefäßschädigungen. Das gilt nicht nur für die großen Gefäße, sondern auch für die kleinen Gefäßverästelungen, die sich im gesamten Körper befinden. Bluthochdruck kann zu Arteriosklerose, Gefäßentzündungen und Bildung von Blutgerinnseln führen. Diese haben zur Folge, dass sich die Gefäße verengen und der Blutfluss in den Adern eingeschränkt wird. Wenn Sie an Bluthochdruck leiden, haben Sie ein erhöhtes Risiko, dass sich Durchblutungsstörungen in Ihren Beinen einstellen.

Ist die Versorgung des Körpers mit Blut vermindert, kann das zu einer Einschränkung der Funktion von verschiedenen Organen führen. Neben Herz und Gehirn funktionieren auch Ihre Nieren nicht mehr in vollem Umfang. So werden Blutgefäßverengungen in den Nieren hervorgerufen, die letztendlich zu einer chronischen Funktionsstörung führen können.

Für die Regulierung der Flüssigkeitsmenge in Ihrem Körper sind die Nieren wichtig. Obendrein haben sie aber auch einen hohen Stellenwert für den Blutdruck, weil sie die Einstellung übernehmen. Ist die Nierenfunktion gestört, kommt es zur erhöhten Ausschüttung von Botenstoffen, die den Blutdruck ansteigen lassen. Die Botenstoffe verengen die Gefäße weiter, wodurch der Blutdruck weiter nach oben steigt.

Eine Folge von Bluthochdruck können demnach Gefäßverengungen sein, andererseits tragen Engstellen in den Gefäßen dazu bei, dass der Blutdruck ein ungesundes Niveau erreicht. Ein zu hoher Blutdruck ist eine wesentliche Ursache für Herzinfarkte und Schlaganfälle. Störungen der Durchblutung des Gehirns sorgen dafür, dass es mitunter zu einer Beeinträchtigung der geistigen Fähigkeiten kommt.

Auch der Herzmuskel wird durch Bluthochdruck in Mitleidenschaft gezogen, weil sich dadurch Veränderungen am Herzmuskelgewebe einstellen. Diese entstehen, weil das Herz bei Bluthochdruck mehr Aufwand betreiben muss, um das Blut in die Gefäße zu pumpen. Durch die deutlich höhere Leistung über einen längeren Zeitraum treten Verdickungen der Herzmuskelfasern auf.

Obendrein kommt es zwischen den Muskelfasern des Herzens zur vermehrten Bildung von Bindegewebe. Der Herzmuskel wird dadurch steifer und kann sich deutlich schlechter bewegen. Das bedeutet, dass sich Ihr Herz nicht mehr richtig bewegen kann. Das Resultat ist, dass Ihr Körper geringere Mengen sauerstoffreiches Blut bekommt. Bei einigen von Bluthochdruck Betroffenen zeigt sich im Laufe der Zeit, dass sich bei körperlicher Anstrengung Kurzatmigkeit einstellt.

Bluthochdruck kann auch zu einer Arterienverengung im Herzmuskel führen, wodurch das Herz schlechter durchblutet wird. Außerdem erfolgt keine ausreichende Versorgung mit Sauerstoff und wichtigen Nährstoffen. Das führt zu Beschwerden wie Brustschmerzen, die in der Herzregion entstehen oder einem Engegefühl im Brustbereich. Wird Bluthochdruck nicht behandelt, kann sich eine dauerhafte, lebensbedrohliche Herzmuskelschwäche einstellen.

Menschen, die unter Bluthochdruck leiden, können aufgrund des erhöhten Risikos für Herz-Kreislauf-Erkrankungen deutlich früher aus dem Leben scheiden.

DIE WARNZEICHEN IHRES KÖRPERS BEI BLUTHOCHDRUCK

Ist der Blutdruck ständig zu hoch, stellen sich auf lange Sicht gesehen Schäden an den Organen ein. Ihr Körper beziehungsweise Ihre Organe signalisieren Ihnen, dass etwas nicht stimmt. Auf folgende Warnzeichen sollten Sie unbedingt achten:

- Herzschmerzen, wenn eine koronare Herzkrankheit vorliegt, ein Engegefühl in der Brust, Angina Pecotris
- bei einer Herzschwäche Wassereinlagerungen und verminderte Leistungsfähigkeit
- Beinschmerzen bei einer peripheren Verengung von Gefäßen
- Verringerung der Sehschärfe und Gesichtsfeldausfälle

Eine Hypertonie kann manchmal erst durch schwerwiegende Komplikationen, einen Schlaganfall oder einen Herzinfarkt diagnostiziert werden. Darum ist es essentiell, dass Sie auf Ihren Körper hören und die Symptome von Bluthochdruck erkennen. Wichtig sind daher auch regelmäßige Vorsorgeuntersuchungen. Damit können Sie schwerwiegenden Erkrankungen in Folge von Bluthochdruck vorbeugen.

DIAGNOSE BLUTHOCHDRUCK – WAS KÖNNEN SIE TUN?

Ein normaler Blutdruck liegt bei maximal 130/85 mmHg und ein hochnormaler bei maximal 139/89 mmHg. Alles, was darüber liegt, ist zu hoch. Hierbei sprechen Ärzte von einer Hypertonie, die nach deren Ausprägung in drei verschiedene Grade unterteilt wird. Bluthochdruck begründet sich überwiegend auf einer falschen Ernährungsweise und Bewegungsmangel.

Bluthochdruck entgegenwirken können Sie mit Medikamenten und sowie ganz natürliche Weise, indem Sie mehr auf Ihre Ernährung achten, sich mehr bewegen und Sport treiben. Ebenfalls gehört dazu, dass Sie Ihre Lebensweise ändern, Stress vermeiden, ausreichend schlafen und Ihrem Körper Erholungsphasen gönnen.

Bereits mit einer gesunden, ausgewogenen Ernährung, den Verzicht auf Nikotin, Alkohol und salzhaltige Speisen bewirken Sie eine Verbesserung. Mit einer Ernährungsumstellung auf eine ausgewogene und gesunde Kost liefern Sie Ihrem Körper alle wichtigen Nährstoffe, Mineralstoffe, Vitamine, gesunde Fette und Proteine, um Ihren Organismus und die Organe besser zu schützen und gesund zu erhalten.

Natürlich können Sie auch auf Medikamente und Arzneimittel zurückgreifen, die von der Pharmaindustrie zum Bluthochdruck senken bereitgestellt werden. Nichtsdestotrotz sollte eine medikamentöse Behandlung als letzter Schritt gewählt werden und nur dann zum Einsatz kommen, wenn die Hypertonie schwerwiegend beziehungsweise im fortgeschrittenen Stadium ist. Medikamente, die auf der einen Seite helfen, können andererseits für Nebenwirkungen sorgen, die den Körper belasten.

Möchten Sie Bluthochdruck senken, sollten Sie daher nicht nur auf die

Pharmaindustrie setzen, sondern an verschiedenen Stellen Ihr Leben in Richtung gesunden Lifestyle optimieren. Reicht diese Optimierung nicht aus, um den Blutdruck auf ein gesundes Niveau zu bringen, können zusätzlich Medikamente verabreicht werden, um den gewünschten Erfolg zu erzielen. Liegen bereits Erkrankungen und Folgeschäden durch Bluthochdruck vor, können Medikamente sicher hilfreich sein.

Haben Sie die Diagnose Bluthochdruck bekommen, gilt auf jeden Fall in erster Linie, den Bluthockdruck zu senken. Im ersten Schritt ist aber essentiell, dass Sie sich erst einmal bewusst machen, was Sie Ihrem Körper mit der jetzigen Ernährung und Lebensweise antun.

Natürlich gibt es zahlreiche Diäten, die Ihnen vieles versprechen. Sind sie übergewichtig und leiden Sie an Bluthochdruck, werden Sie mit eine Diät schnell Pfunde verlieren und den Körper weniger belasten. Sobald Sie aber wieder zu Ihren alten Gewohnheiten zurückkehren, sind die vielleicht erreichten Ziele schnell wieder dahin. Das bringt Sie im Hinblick auf Ihre Gesundheit auch nicht weiter.

Sinnvoll ist hingegen eine langfristige Umstellung auf eine gesunde Ernährungsweise, ein pfleglicher Umgang mit Ihrem Körper und Bewegung, die Sie fest in Ihren Alltag integrieren.

BLUTHOCHDRUCK SENKEN MIT ERNÄHRUNGSUMSTELLUNG, BEWEGUNG UND SPORT

Hat Ihr Arzt einen erhöhten Blutdruck festgestellt, kann es ausreichen, wenn Sie Ihre bisherigen Essgewohnheiten ändern und zu blutdrucksenkenden Lebensmitteln greifen. Damit schaffen Sie es, Bluthochdruck auf natürliche Weise zu senken.

Die Ernährungsumstellung zielt auf eine starke Reduzierung des Fettanteils ab und insbesondere darauf, dass Sie tierische Fette vermeiden, die in Wurstwaren und Milchprodukten enthalten sind. Obendrein geht es darum, den Konsum von Zucker auf einem geringen Niveau zu halten. Gerade in Fertigmüslis, Fertiggerichten, Fast Food und Softdrinks ist ein hoher Anteil Zucker enthalten, der Ihnen beim Studieren der Zutatenliste gar nicht direkt auffallen mag. Vielfach werden von der Lebensmittelindustrie unterschiedliche Bezeichnungen für Zucker gewählt. Das macht das Identifizieren besonders schwierig. Darum sollten Sie bestenfalls komplett auf Fertigprodukte verzichten.

In Bezug auf die Ernährung empfehlen Experten zum Senken des Blutdrucks eine ausgewogene und gesunde Ernährungsweise, wie beispielsweise die Mittelmeerkost. Dabei kommen viel frisches Obst, Gemüse, Fisch, hochwertige Pflanzenöle wie Olivenöl und nur in geringem Maße tierische Produkte auf den

Teller. Fisch und Olivenöl liefert Ihrem Körper ungesättigte Omega-3-Fettsäuren, die einen positiven Einfluss auf die Organe, Gefäße und das Herz-Kreislauf-System haben.

Wichtig ist, dass Sie Bewegung und Sport in Ihr Leben als festen Bestanteil integrieren, denn damit trainieren Sie nicht nur die Muskulatur, sondern auch die Blutgefäße, um diese geschmeidig und elastisch zu halten.

BEHANDLUNG MIT MEDIKAMENTEN

Es gibt verschiedene, gut wirksame Medikamente, die beim Bluthochdrucksenken eingesetzt werden. Welches davon verschrieben wird, steht immer in Abhängigkeit mit der Ursache des Bluthochdrucks, Ihrem Alter, dem Schweregrad der Hypertonie und wie es um den Zustand der anderen Organe bestellt ist.

Medikamente zum Blutdrucksenken gibt es nur auf Rezept und sie müssen Ihnen von Ihrem behandelnden Arzt verschrieben werden. Die blutdrucksenkenden Arzneimittel können sowohl einzeln oder in Kombination verschrieben und verabreicht werden. Am häufigsten wird auf folgende Präparate zurückgegriffen:

- Beta-Blocker – Sie sorgen dafür, dass die Wirkung der Stresshormone auf das Herz gehemmt wird.
- Diuretika – Dabei handelt es sich um sogenannte Entwässerungstabletten.
- Gefäßentspannende Arzneimittel – Dazu zählen unter anderem sogenannte Calcium-Antagonisten, ACE-Hemmer und AT1-Antagonisten aus der Sartane-Gruppe.

Diese Blutdrucksenker bringen Nebenwirkungen mit sich, die Sie nicht unterschätzen sollten, denn sie beeinflussen das komplexe System zur Regulierung des Blutdrucks. Dadurch kann es passieren, dass sich Ihr Körper zuerst einmal gegen den Angriff durch die Medikamente zur Wehr setzt.

Unter Umständen stellen sich in den ersten Tagen der Verabreichung unangenehme, spürbare Blutdruckschwankungen ein. In der Regel legen sich diese aber wieder nach ein paar Tagen. Kommen Sie an einer Therapie mit Medikamenten nicht vorbei und treten bei Ihnen solche Beschwerden auf, sollten Sie sich an Ihren Arzt wenden und seine fachärztliche Meinung einholen.

Nicht nur die Wirkung von blutdrucksenkenden Medikamenten ist unterschiedlich gestaltet, sondern auch deren Nebenwirkungen. Erfolgt eine Therapie mit Wassertabletten beziehungsweise Diuretika, können sich Krämpfe, Gichtanfälle und ein hoher Verlust von Elektrolyten einstellen. Sehr charakteristisch ist chronischer Husten, wenn Sie ACE-Hemmer einnehmen.

Andere Medikamente sorgen für Potenzprobleme oder führen dazu, dass Sie sich schlapp und ausgelaugt fühlen. Wenn Sie etwas geduldig sind, werden sich manche Nebenwirkungen bessern. Andere können sich mit der Zeit aber auch verschlimmern. Stellen Sie Nebenwirkung fest, sollten Sie sich an Ihren Arzt wenden. Vielleicht ist das Mittel für Sie nicht geeignet. Es gibt zahlreiche Blutdrucksenker, die Sie vielleicht besser vertragen.

Hat Ihr Arzt aufgrund der Schwere der Hypertonie Medikamente verschrieben, dürfen Sie die Behandlung auf keinen Fall abbrechen. Ein Abbruch der medikamentösen Behandlung kann zu einer hypertensiven Krise führen. Auch eine andere Dosierung sollten Sie mit Ihrem Arzt absprechen.

In Anbetracht der Nebenwirkungen stellen Sie sich jetzt sicherlich die Frage, ob sich Bluthochdrucksenken mit natürlichen Produkte bewerkstelligen lässt.

Die Antwort auf diese Frage lautet: Ja, natürlich!

BLUTHOCHDRUCK AUF NATÜRLICHE WEISE SENKEN

Einen guten Ansatz mit vielversprechender Wirkung bieten Ihnen natürliche Blutdrucksenker. Es müssen nicht immer zwangsläufig Medikamente sein. Für einen gesunden Blutdruck ist Ihre Lebensweise essentiell, vor allem Ihre Ernährung und ausreichend Bewegung.

Wie Sie sehen, lässt sich Bluthochdruck mit ganz einfachen Maßnahmen auf natürliche Weise senken. In vielen Fällen begründet sich eine Hypertonie auf einen ungesunden Lebensstil, der heute leider häufig Gang und Gäbe ist. Darum wird Bluthochdruck auch als Zivilisationskrankheit bezeichnet.

Nur jeder dritte, normalgewichtige Erwachsene leidet unter Bluthochdruck, während Dreiviertel der Menschen mit Übergewicht eine Hypertonie haben. Schaffen diese Personen es, das Körpergewicht um 10 Kilogramm zu reduzieren, führt das mitunter zur Senkung des Bluthochdrucks um 20 mmHg.

Mehr Bewegung ist wichtig, gerade Ausdauersport. Damit schaffen Sie es nicht nur, das Gewicht zu reduzieren, gleichzeitig bauen Sie durch Bewegung an der frischen Luft Stress ab und können dabei wunderbar entspannen. Leichtes Ausdauertraining verbessert zudem Ihre Kondition, was sich wiederum auf Ihr Herz und die Gefäße positiv auswirkt.

HOMÖOPATHIE ZUR UNTERSTÜTZUNG VERWENDEN

Homöopathische Mittel haben im Vergleich zu Medikamenten der Pharmaindustrie einen anders gestalteten Wirkansatz. Diese Mittel sind keine Blutdrucksenker im herkömmlichen Sinne. Ihre Wirkung ist auf eine Verbesserung der Blutregulierung in Ihrem Körper ausgelegt und stößt diese sanft an. Das bedeutet nichts anderes, als dass die homöopathischen Mittel Ihren Körper dazu anregen, dass dieser selbst aktiv wird, um den Gesundheitszustand zu verbessern.

Dadurch sind homöopathische Mittel eine gute Ergänzung zu den natürlichen Maßnahmen wie Ernährungsumstellung und mehr Bewegung, wenn Ihr Bluthochdruck nicht bedenklich hoch ist. Liegt Ihr Blutdruckwert in einem bedenklichen Bereich und nehmen Sie deshalb chemisch-synthetische Medikamente ein, können homöopathische Mittel zur medikamentösen Therapie unterstützend eingesetzt werden.

WELCHEN EINFLUSS HAT SALZ AUF BLUTHOCHDRUCK?

Welche Rolle Salz bei Bluthochdruck einnimmt, ist bisher immer noch nicht ganz geklärt. Inzwischen ist aber das Wissen vorhanden, dass viele Menschen den Blutdruck senken können, wenn der Konsum von Salz reduziert wird. Aktuelle Untersuchungen haben auch gezeigt, dass ein zu hoher Salzkonsum dafür verantwortlich ist, dass Herz-Kreislauf-Erkrankungen entstehen können und ein höheres Risiko vorliegt. Außerdem scheint es so, dass nicht alle Menschen gleichermaßen auf Salz reagieren. Hierfür können genetische Faktoren verantwortlich sein.

Wer einen zu hohen Blutdruck hat, sollte auf jeden Fall versuchen, mit einer salzarmen Ernährungsweise Bluthochdruck zu senken. Doch wie beeinflusst das Salz eigentlich den Blutdruck?

Um diese Frage zu beantworten, müssen Sie wissen, dass ich hier von Kochsalz, also von Natriumchlorid spreche, dass sich aus Natrium-Ionen und Chlorid-Ionen zusammensetzt.

Es gibt verschiedene Ansätze, mit denen sich der Einfluss von Salz auf den Blutdruck erklären lässt. Da Natrium Wasser bindet, wird das Blutvolumen erhöht. Dadurch kommt es zu einem höheren Druck auf die Gefäße. Salz scheint zudem fördernd auf die Bildung von gewissen Botenstoffen in den Blutgefäßmuskeln zu wirken. Das erzeugt eine erhöhte Spannung und gleichzeitig wird dadurch der Druck erhöht.

DIE RICHTIGE ERNÄHRUNG – BLUTHOCHDRUCK SENKEN MIT DEN RICHTIGEN NAHRUNGSMITTELN

Es gibt tatsächlich einige Nahrungsmittel, die Sie bei Bluthochdruck nicht essen sollten, weil diese nicht förderlich gegen Bluthochdruck sind, wie zum Beispiel Kochsalz. Leider ist das aber nur den wenigsten Betroffenen bekannt.

Dann gibt es aber auch Nahrungsmittel, die eine positive Wirkung auf den Blutdruck bereitstellen und sogar dafür sorgen, dass die Blutdruckwerte gesenkt werden. Ein gutes Beispiel ist Rote Bete. Sie schafft es, über einen Zeitraum von 24 Stunden den systolischen Blutdruckwert auf effektive Weise zu senken. Grund dafür sind die vielen Nitrate, die in Rote Bete enthalten sind. Ihr Organismus wandelt diese in Nitrit um. Dieses sorgt dafür, dass sich Ihre Blutgefäße erweitern. Das Blut kann besser durch die Gefäße fließen, was wiederum den Blutdruck senkt.

Eine ähnliche Wirkung hat dunkle Schokolade, die einem Anteil von mindestens 85 Prozent Kakao enthält. Ebenso können Gewürze wie Ingwer, Hibiskus und Kardamom zum Bluthochdrucksenken beitragen.

Allerdings ersetzen die aufgeführten Nahrungsmittel keine blutdrucksenkenden

Arzneimittel. Sie können aber unterstützend auf einen zu hohen Blutdruck wirken, und das auf ganz natürliche Weise. In der Folge können Blutdrucksenker möglicherweise geringer dosiert eingenommen werden.

BEI DER ERNÄHRUNG AUF MIKRONÄHRSTOFFE ACHTEN

Wenn Sie Ihre Ernährungsweise umstellen und damit Einfluss auf einen zu hohen Blutdruck nehmen möchten, sollte auf eine gute Mikronährstoffversorgung geachtet werden, denn viele Ursachen beruhen darauf, dass Ihr Körper davon zu wenig bekommt. Führen Sie Ihrem Körper hingegen ausreichend Mikronährstoff zu, wirkt sich das in vielfältiger Weise positiv auf den zu hohen Blutdruck aus.

Omega-3-Fettsäuren und auch Magnesium haben eine blutdrucksenkende Wirkung. Ihr Organismus benötigt zahlreiche Nährstoffe, um die ringförmigen Muskeln in den Gefäßen auf Dauer zu entspannen. Außerdem werden Mikronährstoffe benötigt, um die Elastizität der Blutgefäße auf lange Sicht hin sicherzustellen.

Um den Botenstoff Stickstoffmonoxid (NO) zu regulieren, braucht Ihr Organismus nicht nur Mikronährstoffe, sondern auch sekundäre Pflanzenstoffe. Das sehr kurzkettige Molekül hat eine drei- bis fünfsekündliche, biologische Halbwertzeit. Durch die lipidartigen Eigenschaften dringt das Molekül schnell in die Zellmembranen ein, wodurch NO zu einem optimalen Botenstoff zwischen den einzelnen Zellen wird.

Wenn zum Bluthochdrucksenken Arzneimittel eingenommen werden, sollten Sie sich darüber im Klaren sein, dass diese echte Mikronährstoffdiebe sind. Nehmen Sie zur medikamentösen Therapie zusätzlich Mikronährstoffe zu sich, lassen sich einige Nebenwirkungen der Medikamente verhindern.

Daher rate ich Ihnen, zu einer möglichst natürlichen und komplexen Mikronährstoffmischung, die aus Vitaminen, sekundären Pflanzenstoffen, Mineralstoffen und Spurenelementen besteht. Sogar die Medizin sieht diesen Mix bei Herz-Kreislauf-Erkrankungen als einen wichtigen Baustein. Das belegen auch zahlreiche Studien.

So hat ein japanisches Forscherteam nachgewiesen, dass bei Menschen mit Übergewicht eine erhöhte Erzeugung von freien Radikalen dazu beiträgt, dass Bluthochdruck entsteht. Indem der Körper mit natürlichen Mikronährstoffen versorgt wird, kann die Gefahr von hohen Blutdruckwerten durch freie Radikale gebannt werden. Außerdem wird der Schutz des Blutgefäßsystems verbessert.

Sie können Ihrem Körper Mikronährstoffe mit Nahrungsergänzungsmitteln zuführen. Doch wenn Sie sich einmal auf dem Supplementmarkt umschauen, stellen Sie schnell fest, dass es vielzählige Produkte gibt, die für Verwirrung sorgen. Sie haben alle einen hohen Gehalt an sekundären Pflanzenstoffen, die selbst schon eine gesundheitsfördernde Wirkung haben. Durch synergetische Effekte verstärken die sekundären Pflanzenstoffe die Wirkungsweise der Mikronährstoffe.

Diese Wirkung erhalten Sie aber nicht nur, wenn Sie Supplemente zu sich nehmen, sondern auch durch Nahrungsmittel. Sekundäre Pflanzenstoffe sind zum Beispiel in Zwiebeln, Beeren, Tomaten und Äpfeln enthalten, die dementsprechend unbedingt auf Ihrem Speiseplan stehen sollten. Eine recht neue amerikanische Studie zeigt, dass diese Nahrungsmittel in Kombination den Blutdruck um 5 mmHg senken können.

DIE ERNÄHRUNG IM ALLTAG

Eine Ernährungsumstellung zur Senkung des Bluthochdrucks sollte gesund und ausgewogen sein. Das bedeutet, dass Sie Ihrem Körper alle wichtigen Nährstoffe, Proteine, Mineralstoffe und Vitamine liefern, indem Sie Ihren Speiseplan durchdacht zusammenstellen. Dann erreichen Sie schon mit minimalen Veränderung einen bestmöglichen Effekt.

Wichtig ist, dass Ihre Ernährung einen hohen Anteil Gemüse und Obst enthält, da diese beim Bluthochdrucksenken eine starke Wirkung zeigen. Indem Sie mehr Gemüse, Obst und Fisch verzehren und gleichzeitig den Anteil an gesättigten Fettsäuren und tierischen Fetten reduzieren, schaffen Sie es, den erhöhten Blutdruck zu senken.

Wie Sie bereits mehrfach gelesen haben, ist auch Salz für hohe Blutdruckwerte verantwortlich. Das heißt nicht, dass Sie jetzt nur noch ungesalzenes Essen verzehren müssen. Vielmehr ist wichtig, den Salzkonsum zu vermindern. Den täglichen Konsum sollten Sie auf maximal sechs Gramm reduzieren. Damit können Sie Ihren Blutdruck um bis zu 8 mmHg senken.

WAHRE BLUTDRUCKSENKER IN DER KÜCHE

Es gibt spezielle Inhaltsstoffe, die Ihnen ermöglichen, Bluthochdruck mittels einer gezielten Ernährungsweise zu senken. Nachfolgend haben ich Ihnen einige Inhaltsstoffe aufgelistet, die wahre Blutdrucksenker sind. Außerdem sind Lebensmittel aufgezählt, die diese Stoffe enthalten und damit unbedingt auf Ihren Speiseplan gehören.

- Folsäure – grünes Blattgemüse, Orangen, Hülsenfrüchte, Getreidekeime und Hefen
- Omega-3-Fettsäuren – Chia-Samen, Leinsamen, Walnüsse, Thunfisch, Makrele, Lachs, Hering und Fischöl
- Kalium – Hülsenfrüchte, Bananen, Trockenfrüchte, Tomaten, Spinat und Nüsse
- Magnesium – Vollkornprodukte, Kleie, Petersilie und Nüsse

- Reveratrol – Pflaumen, Erdnüsse, dunkle Trauben, Maulbeeren und Himbeeren
- L-Arganin – Sojabohnen, Mandeln, Erdnüsse, Geflügel und Salzwasserfisch
- Nitrat – Spinat, Endiviensalat, Wirsing, Radieschen, Grünkohl, Feldsalat, Rote Beete
- Vitamin D – durch Sonnenlicht (darum 30 Minuten am Tag raus an die frische Luft)

OBST- UND GEMÜSESORTEN

Möchten Sie Bluthochdruck vorbeugen oder zu hohe Blutdruckwerte senken, sollten Sie die Nahrungsmittel aus nachfolgender Tabelle wählen und damit Ihre Ernährungsweise optimieren.

Obst- und Gemüsesorten	*Wirkungsweise*
Bananen	Sie enthalten viel Kalium und wenig Natrium. Sehr vorteilhaft wirkt sich der hohe Kaliumgehalt auf den Blutfluss und die Flüssigkeitsbalance aus.
Wassermelone	Wassermelonen enthalten die Aminosäure Citrullin, die in Ihrem Körper zu Arginin umgewandelt wird. Arginin trägt dazu bei, dass die Blutgefäße geweitet werden.
Kiwi	Reife Kiwis sind reich an Antioxidantien wie Aminosäuren und Lutein. In einem hohen Maß tragen die Früchte zum Blutdrucksenken und Erweitern der Gefäße bei.
Ananas	Sie verhindert nicht nur, dass Ihr Körper übersäuert, sondern wirkt auch blutdrucksenkend. Da ein Inhaltsstoff enthalten ist, der Aspirin ähnelt, wird durch den Verzehr Ihr Blut verdünnt.
Rosinen	Sie sind als Naschwerk zwischendurch ideal, weil sie viel Kalium enthalten, positiv auf die Arterien wirken und zur Senkung des Blutdrucks beitragen.
Rote Bete	Der hohe Nitratanteil zeigt bereits rund 60 Minuten nach dem Verspeisen einen positiven Effekt auf den Bluthochdruck. Sie können eingelegte Rote Bete aus dem Glas essen oder einen Salat daraus zubereiten. Auch Rote

	Bete-Saft senkt den Blutdruck. Ideal ist eine Menge von 500 Millilitern, den Sie mit Karottensaft oder Apfelsaft verfeinern oder mit Wasser verdünnen können.
Kartoffeln	Sie enthalten Phonole, Antioxidantien und Kalium und haben eine blutdrucksenkende Wirkung. Außerdem haben Kartoffeln den Pflanzenfarbstoff Carotin, der eine positive Wirkung auf das Herz hat. Besonders viel davon ist in roten und blauen Kartoffelsorten enthalten.
Tomaten	Ein hoher Anteil an Kalium, Folsäure und Lycopin ist in Tomaten enthalten. Sie sind für den Abbau von Giftstoffen und Cholesterin zuständig und bieten einen guten Schutz vor Ablagerungen in den Gefäßen. Wer am Tag ein Glas Tomatensaft trinkt, beeinflusst damit Bluthochdruck positiv.

KRÄUTER UND GEWÜRZE FÜR EINE BLUTDRUCKSENKENDE ERNÄHRUNG

Kräuter wie Bärlauch, Petersilie, Lavendel, Sellerie und Petersilie bringen nicht nur Geschmack an Ihre frisch zubereiteten Gerichte, sondern haben durch die Inhaltstoffe Magnesium und Kalium Einfluss auf Ihren zu hohen Blutdruck. Verwenden Sie anstelle von Salz lieber frische Kräuter zum Kochen und Würzen. Anstelle von Fertigsoße und Ketchup können Sie ein selbstgemachtes Kräuter-Pesto zaubern, um den Geschmack Ihrer Gerichte zu verfeinern. In der nachfolgenden Auflistung finden Sie weitere blutdrucksenkende Gewürze und Kräuter, mit denen Sie Geschmack an Speisen bringen und gleichzeitig Bluthochdruck senken können.

- **Knoblauch** – Die kleinen weißen Zehen der Knoblauchknolle haben einen besondere Wirkung auf Ihren Organismus, auch wenn manch einen der intensive Geruch stört. Knoblauch enthält Allycin und S-Allyl-Cystein, die eine blutverdünnende Wirkung bereitstellen. Gleichzeitig wirkt Knoblauch gefäßerweiternd, wodurch zu hohe Blutdruckwerte gesenkt werden können.
- **Chili** – Klinische Studien haben gezeigt, dass die scharfen Schoten einen blutdrucksenkenden Effekt haben. Chilischoten enthalten Capsaicin und dieser Inhaltstoff erweitert die Blutgefäße. Besonders empfiehlt sich der Verzehr von Chili, wenn Sie bereits an einer Hypertonie leiden.
- **Weißdorn** – Das Strauchgewächs gehört zur Gattung der Rosengewächse und die roten Beeren kommen als Heilmittel zum Einsatz. Das hohe Vorkommen an Phenolen in Weißdorn wirkt durchblutungsfördernd und sorgt dafür, dass eine verbesserte Sauerstoffversorgung des Blutes erfolgt.

Außerdem wirken die Weißdornbeeren entzündungshemmend und gefäßerweiternd.

- **Hibiskus** – Dieser enthält Anthocyane und zählt auch zu den Nahrungsmittel, mit dem das Blutdrucksenken gelingt. Außerdem stellt sich ein positiver Effekt auf Ihre Blutgefäße ein. Wenn Sie am Tag drei Tassen Tee aus Hibiskus trinken, kann dies nachweislich den Blutdruck senken.

FISCH UND SEINE POSITIVEN EIGENSCHAFTEN BEI ZU HOHEM BLUTDRUCK

Integrieren Sie zweimal die Woche Fisch in Ihren Speiseplan, um eine positive Wirkung auf Ihren Blutdruck zu erreichen. Fisch fördert zudem Ihre Gesundheit und ist gut, um Gewicht zu reduzieren. Sie können sich für Sardinen, Thunfisch, Lachs oder Makrelen entscheiden. Diese sind reich an Omega-3-Fettsäuren, die für Ihre Herzgesundheit und Funktionalität wichtig sind.

MIT MILCHPRODUKTEN UND GETREIDE BLUTHOCHDRUCK SENKEN

Getreide und Milchprodukte liefern Ihnen wichtige Proteine, machen satt und wirken sich positiv bei zu hohem Blutdruck aus.

- **Haferflocken** – Sie gehören zu den blutdrucksenkenden Lebensmitteln, wie eine wissenschaftliche Studie festgestellt hat. Enthalten sind Kalium und Hafer-Beta-Glucan. Indem Sie 40 Gramm Haferflocken am Tag essen, decken Sie den täglichen Bedarf ab.
- **Naturreis** – Indem Sie Naturreis essen, versorgen Sie Ihren Körper mit Aleuron. Bei einem täglichen Verzehr gelingt es Ihnen, den Blutdruck zu senken. Mit industriell nachbearbeitetem, herkömmlichem Reis erzielen Sie diesen Effekt jedoch nicht.
- **Joghurt** – Durch die Milchsäurebakterien, die nicht nur in Joghurt, sondern auch in Milch enthalten sind, gelingt es Ihnen, den Blutdruck zu senken. Pro Woche sollten 400 Gramm gegessen werden, um den täglichen Bedarf zu decken. Wählen Sie fettarmen Naturjoghurt ohne Zucker. Dieser ist deutlich gesünder als andere Varianten, die industriell mit Früchten, Vanille und anderen Zusätzen angeboten werden.

Brauchen Sie zwischendurch etwas Süßes, können Sie zu dunkler Schokolade greifen. Hierbei gilt es aber zu beachten, das große Mengen leider das Gewicht nach oben klettern lassen, auch wenn Schokolade eigentlich lecker ist und zufrieden macht. Bei Schokolade sollten Sie darauf achten, dass diese einen hohen Anteil von mindestens 85 Prozent Kakao enthält. Dunkle Bitterschokolade hat eine gefäßschützende Wirkung durch die enthaltenen Phenole und Favonole. Das gilt nicht für Sorten aus Vollmilch und weiße Schokolade. Dementsprechend dürfen Sie ruhig gelegentlich dunkle Schokolade mit einem hohen Kakaoanteil essen.

REGELMÄßIGE GEWICHTSKONTROLLE

Gerade wenn bei Ihnen Bluthochdruck festgestellt wurde, kann ein zu hohes Körpergewicht den Blutdruck weiter nach oben schnellen lassen. Haben Sie nur ein paar Kilos zu viel auf der Waage, kann zum Bluthochdrucksenken eine Gewichtsreduzierung um etwa fünf Kilogramm sinnvoll sein. Auf diese Weise können Sie den Blutdruck auf Dauer um rund 5 mmHg senken. Mit einem geringeren Gewicht stellt sich auch gleich ein verbessertes Wohlbefinden ein.

Verbinden Sie die Gewichtabnahme mit einer Ernährung, die ausgewogen und gesund ist. Bestenfalls trinken Sie keinen Kaffee und auch keinen Alkohol, weil diese hohen Blutdruck fördern. Durch gesunde Nahrungsmittel senken Sie auf natürliche Weise den Blutdruck und liefern dem Körper alle wichtigen Vitalstoffe, die er benötigt.

Gesund und ausgewogen zu essen und blutdrucksenkende Nahrungsmittel zu verspeisen hilft Ihnen dabei, den Blutdruck auf ein gesünderes Level zu bringen und erhöhten Blutdruckwerten entgegenzuwirken. Doch nur mit einer Ernährungsumstellung ist es vielfach nicht getan, weil Ihr Körper für die Gesunderhaltung und zum Bluthochdrucksenken weitere Unterstützung ihrerseits benötigt.

LEBENSSTIL OPTIMIEREN UND VERÄNDERUNGEN HERBEIFÜHREN

Ein wichtiger Aspekt bei Bluthochdruck ist Bewegungsmangel. Gehören Sie auch zu den Menschen, die eine berufliche Tätigkeit im Sitzen ausführen und eine eng getakteten Zeitplan haben, in dem für Sport und Bewegung scheinbar kein Platz ist? Dann sollten Sie Ihr Zeitmanagement einmal überdenken und Freiräume für mehr Bewegung oder sogar Sport schaffen.

MEHR BEWEGUNG IN IHR LEBEN BRINGEN

Bewegung und Sport hilft Ihnen nicht nur dabei Stress abzubauen, auch den Kopf frei zu bekommen und Ihre Gesundheit zu fördern. Sie müssen nicht gleich eine extreme Wanderung vom Tal bis zum Gipfelkreuz durchführen oder einen Triathlon bewältigen. Es reicht schon, wenn Sie anstelle des Aufzugs oder der Rolltreppe die Treppe nehmen, mit dem Fahrrad kürzere Strecken zurücklegen oder eine Station früher aus den öffentlichen Verkehrsmitteln aussteigen und den Rest der Strecke zu Fuß zurücklegen. Bewegung und Sport sind für einen gesunden Blutdruck essentiell. Aktiv sein und sich bewegen…

- trainiert die Blutgefäße
- entspannt die Adern
- reduziert das Körpergewicht
- baut Stress ab
- macht dem Kopf frei

- baut blutdruckerhöhende Hormone an
- senkt erhöhte Cholesterinwerte

Wie schon beschrieben, müssen Sie nicht in wenigen Wochen zum Leistungssportler mutieren. Versuchen Sie am Anfang an fünf Tagen einen Spaziergang von 20 bis 30 Minuten zu machen. Die Zeitangabe ist nur eine Empfehlung. Wenn Sie möchten, können Sie auch länger gehen. Wenn Sie etwas Kondition aufgebaut haben, können Sie das Lauftempo erhöhen. Denken Sie aber daran, sich nicht zu überfordern.

Interessant ist auch eine Kombination aus Bewegung, Sport und Entspannung. Im Wechsel können Sie Yoga oder Tai-Chi praktizieren. Diese beiden sind hervorragend zum Bluthochdrucksenken geeignet. Steht Ihnen mehr der Sinn danach, richtig Sport zu treiben, sollten Sie darauf achten, dass Sie die Intensität langsam steigern. Ganz wichtig ist in diesem Zusammenhang, dass Sie Ihrem Körper ausreichend Zeit geben, um sich zu regenerieren.

Um Bluthochdruck zu senken, können Sie auch auf das umfangreiche Repertoire von Pfarrer Kneipp zurückgreifen und dieses in Ihren Alltag einbauen. Die Anwendungen nach Kneipp sind von der Wissenschaft gut untersucht und tragen zu einer Verbesserung der Gesundheit bei, wozu auch das Senken des Blutdrucks gehört. Außerdem ist für jeden Geschmack garantiert das richtige dabei.

Sie können zum Beispiel morgens nach dem Aufstehen mit nackten Füßen durch taunasses Gras in Ihrem Garten laufen oder beim morgendlichen Duschen eine Bürstenmassage oder Wechseldusche durchführen. Auch Saunieren ist sehr gut geeignet, wenn Sie an Hypertonie leiden. Bei einem normalen Saunagang wird das Herz mit 50 bis 70 Watt belastet. Das passiert auch, wenn Sie langsam mit dem Rad fahren oder einen gemütlichen Spaziergang durchführen.

Alle Maßnahmen, egal ob Bewegung, Sport oder Entspannung, erzielen nur dann eine positive Wirkung bei Bluthochdruck, wenn Sie diese regelmäßig durchführen. Damit Sie die Lust nicht verlieren, versuchen Sie Ihre Bewegung und sportlichen Aktivitäten abwechslungsreich zu gestalten. Hilfreich ist, wenn Sie sich einer Gruppe anschließen. Es gibt sicherlich eine Nordic-Walking-Gruppe oder eine Wandergruppe in Ihrer Nähe.

So lernen Sie auch neue Menschen kennen, können sich austauschen und sogar Freunde finden, mit denen Sie zusammen die Gesundheit fördern. Sind Sie lieber alleine aktiv, suchen Sie sich besonders schöne Strecken zum Radfahren, Spazierengehen oder Wandern aus und saugen Sie die unbeschreiblichen visuellen Eindrücke auf, die Ihnen die Natur bietet.

Für die Wintermonate können Sie sich ja überlegen, ob Sie sich vielleicht ein Laufband, einen Crosstrainer oder ein Ergometer anschaffen möchten. Dann gibt es auch die Ausrede nicht mehr, dass es draußen zu nass und zu kalt ist. Auch ein Fitnessstudio ist eine gute Alternative. Dort werden Ihnen viele Möglichkeiten geboten, um etwas für Ihren Körper zu tun und die Gesundheit zu verbessern.

Gute Fitnessstudios bieten Ihnen neben Krafttraining, Muskelaufbautraining und Kardiogeräten auch spezielle Kurse, um das Herz-Kreislauf-System zu stärken und Bluthochdruck zu senken oder gar nicht erst entstehen zu lassen. Auch eine Gewichtsreduzierung geht damit einher.

Haben Sie in Bezug auf Bewegung und Sport Ihrem inneren Schweinehund die Stirn geboten und sind Sie am Ball geblieben, werden Sie schnell feststellen, wie sich Ihr Körper und das gesundheitliche Wohlbefinden verändern. Das ist ein wertvoller Zugewinn, den Sie sich immer vor Augen halten sollten!

STRESS MINIMIEREN ODER GANZ VERMEIDEN

Es gibt sicherlich kaum einen Menschen, der nicht unter Stress leidet, gerade wenn Arbeitsleben, Privatleben und Familie unter einen Hut gebracht werden müssen. Stress ist aber gar nicht gesundheitsförderlich und darum reagiert Ihr Körper massiv darauf. Neben seelischen stellen sich auch körperliche Beschwerden ein. Weil die Belastung zu hoch ist, steigt der Blutdruck deutlich an und kann zu eine Hypertonie hervorrufen. Um das zu verhindern und einem zu hohen Blutdruck entgegenzuwirken, sollten Sie Stress aus Ihrem Leben verbannen.

Gönnen Sie sich regelmäßige Ruhephasen, um Ihren Körper herunterzufahren. Das ist besonders wichtig, weil der Körper daraus neue Energie schöpft. Legen Sie großen Wert auf genug erholsamen Schlaf, denn während Sie schlafen, kann Ihr Körper ausreichend regenerieren. Integrieren Sie zudem gezielte Entspannungstechniken in Ihren Alltag.

LAVENDEL UND ZIRBELKIEFER FÜR EINE AROMATHERAPIE VERWENDEN

Eine Aromatherapie ist auch eine gute Möglichkeit, um einen zu hohen Blutdruck zu senken. Die ätherischen Öle werden Sie garantiert als entspannend, wohltuend und angenehm empfinden. Außerdem können sie der Effekt nachhaltig einstellen.

Bei Bluthochdruck ist eine Aromatherapie mit Lavendelöl ideal, weil die ätherischen Öle auf Ihren Körper entspannend und harmonisierend wirken. Schon seit mehreren Jahrhunderten weiß man um die vielfältigen Eigenschaften und Wirkungsweisen von Lavendel, weshalb er in unterschiedlichsten Bereichen zum Einsatz kommt.

Die entspannende Wirkung von Lavendelöl ist speziell bei Bluthochdruck ideal. So wurde in etlichen Studien festgestellt, dass eine Aromatherapie den nächtlichen Blutdruck signifikant nach unten senken kann.

Ein weiteres ätherisches Öl, dass eine positive Wirkung beim Bluthochdrucksenken zeigt, ist Zirbelöl. Dieses wird aus Zirbelkiefern gewonnen.

Diese Bäume können ein Alter von bis zu 1000 Jahren erreichen. Die zahlreichen Inhaltsstoffe wirken positiv auf Ihren Körper und den Geist. Enthalten sind Alpha-Pinin und Cineol, die eine antibakterielle und entzündungshemmende Wirkung bereitstellen. Ihre Herzfrequenz lässt sich durch das enthaltene Pinosylvin senken. Das hat sich in einer Studie an der Universität in Graz gezeigt. Eine Aromatherapie mit Zirbelöl verhilft Ihnen zu erholsamem, gesundem Schlaf und sorgt für die Stärkung Ihres Organismus.

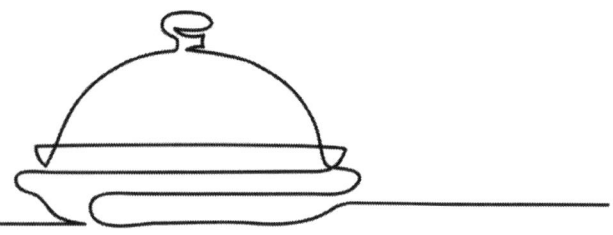

14- TAGE- ERNÄHRUNGSPLAN, UM BLUTHOCHDRUCK ZU SENKEN

Um Bluthochdruck zu senken und einer Hypertonie entgegenzuwirken, ist wichtig, dass Sie sich gesund und ausgewogen ernähren. Neben einer eventuell notwendigen medikamentösen Behandlung kann eine angepasste, blutdrucksenkende Ernährungsweise deutlich zur Verbesserung der Blutwerte beitragen. Eine Diät im klassischen Sinn ist nicht der richtige Weg, weil damit der Körper auf wichtige Nährstofflieferanten verzichten muss. Es stellen sich Mangelerscheinungen ein, die nicht zuträglich für einen gesunden Organismus und zum Blutdrucksenken sind. Ihr Körper braucht ballaststoffreiche Vollkornprodukte, frisches Gemüse und Obst. Wichtig sind zudem mehrfach ungesättigte Fettsäuren, wie Omega-3-Fettsäuren, die zum Beispiel in Fisch enthalten sind. Verzichten sollten Sie auf gesättigte Fettsäuren.

Ein gutes Beispiel für eine Ernährung, mit der Sie Bluthochdruck senken, ist die Mittelmeerkost, die hauptsächlich aus viel Gemüse, Fisch und Obst besteht. Sie können die Speisen individuell zusammenstellen und immer wieder neue tolle Gerichte zaubern. Durch die richtige Wahl der Komponenten, erhalten Sie immer eine optimale Mischung an wichtigen Inhaltsstoffen, um Bluthochdruck zu senken und das Herz-Kreislauf-System gesund zu erhalten.

Möchten Sie nachhaltig den Blutdruck senken und Ihre Gesundheit verbessern, dann ist eine dauerhafte Ernährungsumstellung auf eine gesunde, ausgewogene Kost essentiell. Verteilen Sie Ihre Mahlzeiten gut über den Tag und essen Sie ruhig fünf bis sechs Mal kleinere Portionen. So haben Sie immer ein angenehmes Sättigungsgefühl und wirken gleichzeitig Heißhungerattacken auf ungesunde Lebensmittel entgegen.

DAS FRÜHSTÜCK

Die erste Mahlzeit am Tag lässt Ihnen einen recht großen Spielraum und liefert Ihnen alle wichtigen Ballaststoffe, Nährstoffe, Vitamine und Proteine, um Bluthochdruck entgegenzuwirken, wenn Sie blutdrucksenkende Nahrungsmittel verwenden. Bereiten Sie sich ein köstliches Müsli mit Magermilch zu oder greifen Sie zu einem Naturjoghurt, den Sie mit frischen Früchten garnieren. Sie können sich auch am Abend vorher Overnight Oats aus Haferflocken und Chia-Samen zaubern. Am nächsten Morgen geben Sie nur noch frisches Obst und Nüsse hinzu und schon ist ein sättigendes, blutdrucksenkendes Frühstück fertig. Porridge mit Äpfeln, Bananen und Zimt ist auch sehr lecker und hält lange satt.

Wenn Sie morgens lieber Brot oder Brötchen essen, sollten Sie anstelle von Weißmehl- lieber zu Vollkornprodukten greifen. Als Belag können Sie pflanzliche Brotaufstriche, Hähnchenbrust-Aufschnitt oder mageren, körnigen Frischkäse verwenden, den Sie mit Kräutern und Gewürzen verfeinern.

Um den Körper mit Flüssigkeit zu versorgen, greifen Sie zu stillem Wasser oder Kräutertee. Wenn Sie auf Kaffee nicht verzichten können, sollten Sie maximal eine Tasse davon trinken, weil sich das Koffein negativ auf Ihren Blutdruck auswirkt. Fruchtsäfte sind auch ideal, um den Wasserspeicher in Ihrem Körper wieder aufzufüllen. Über den Tag sollten Sie unbedingt genug Wasser trinken. Damit fördern Sie Ihre Gesundheit und helfen dem Körper dabei, ordnungsgemäß zu funktionieren.

DAS MITTAGESSEN

Positiven Einfluss auf den Blutdruck haben zahlreiche Gemüsesorten, Salat, Fisch und Meeresfrüchte, aus denen Sie köstliche Gerichte zaubern können. Verwenden Sie Hülsenfrüchte und bereiten Sie sich köstliche Salate mit hochwertigem Olivenöl zu. Auch Krustentiere, zartes Lammfleisch und köstlicher Fisch gehören ab jetzt auf Ihren Teller. Durch eine gute Zusammenstellung von Zutaten bekommt Ihr Körper alle wichtigen Nährstoffe, Aminosäuren, Omega-3-Fettsäuren, Vitamine und Proteine, die er zum Bluthochdrucksenken und Gesunderhalten des Herz-Kreislauf-Systems braucht.

Bereiten Sie die Speisen auf dem Grill zu und dünsten Sie das Gemüse, damit alle wichtigen Inhaltsstoffe enthalten bleiben. Marinieren Sie Scampi mit frischen Kräutern und Olivenöl, bevor Sie diese grillen oder braten. Stellen Sie sich Ihre eigenen Salatkreationen zusammen und verwenden Sie gesunde Zutaten wie Tomaten, Zwiebeln und frische Kräuter. Diese können Sie auch als Vorspeise in kleinerer Ausführung verwenden.

Auch Nudelgerichte aus Vollkornnudeln mit selbstgemachtem Pesto aus frischen Kräutern oder mit Lachs schmecken einfach köstlich und versorgen Sie mit wichtigen Nährstoffen, die sich blutdrucksenkend auswirken.

DAS ABENDESSEN

Die Mahlzeiten am Abend können Sie ähnlich wie das Mittagessen gestalten. Achten Sie nur darauf, dass die Gerichte leicht und bekömmlich sind. Frisches Gemüse, gesunde Fette, sättigende Proteine und frische Kräuter sind auch hier die richtige Wahl, um Bluthochdruck zu senken. Zaubern Sie sich doch einfach eine Portion leckeres Ofengemüse, das Sie mit Kräutern verfeinern und mit Magerquark garnieren. So liefern Sie Ihrem Körper auch am Abend alles, was er braucht, um den Blutdruck zu senken und auf einem gesunden Niveau zu halten.

SNACKS FÜR ZWISCHENDURCH

Wenn Sie zwischendurch Hunger verspüren oder Appetit auf etwas Süßes haben, können Sie zu Nüssen, Obst und Rohkostgemüse greifen. Auch ein Stück dunkle Schokolade dürfen Sie sich genehmigen, solange Sie maßvoll naschen. Auch hier gilt: Hauptsache der Blutdruck steigt dadurch nicht!

Tag	Frühstück	Mittagessen	Abendessen	Snacks
1	Kirsch-Zimt-Haferbrei Seite 49	Heilbutt mit Zitrusfrüchten Seite 112	Spargelsuppe Seite 86	Avocadopudding Seite 140
2	Mediterranes Omelett Seite 49	Einfaches Kabeljaugericht Seite 113	Kalte Tomatensuppe Seite 79	Gegrillter Mais Seite 100
3	Fruchtiger Armer Ritter Seite 46	Lachspfanne Seite 116	Sommersalat mit Kichererbsen Seite 66	Käsekuchen Seite 135
4	Mandel-Beeren-Toast Seite 48	Artischocken-Risotto Seite 119	Sommerliche Suppe Seite 81	Waffeln mit Birnensauce Seite 146
5	Schnelles Rührei mit Fisch Seite 51	Hühnchenpasta mit Bohnen Seite 110	Fruchtiger Avocado-Salat Seite 68	Gesunde Pommes Seite 101
6	Mango-Bananen-Smoothie Seite 54	Fisch-Couscous Seite 125	Rote Blumenkohlcremesuppe Seite 85	Selbstgemachte Energieriegel Seite 48
7	Protein-Obst-Shake Seite 56	Heilbutt in Tomatensauce Seite 128	Fruchtig-leichter Spinatsalat Seite 74	Karottenkekse Seite 139

Tag	*Frühstück*	*Mittagessen*	*Abendessen*	*Snacks*
1	Lachs-Ei-Sandwich Seite 50	Italienische Quiche Seite 131	Pastinakensuppe mit Linsen Seite 89	Selbstgemachte Energieriegel Seite 48
2	Joghurt-Parfait Seite 52	Veggie-Lasagne Seite 122	Gefüllte Champignons Seite 70	Pfirsich-Joghurt-Dessert Seite 142
3	Eierspeise mit Pilzen Seite 53	Seelachsquinoa Seite 135	Karottensuppe Seite 91	Reispudding mit Früchten Seite 148
4	Hafer-Pancakes Seite 55	Focaccia mit gegrilltem Gemüse Seite 134	Bohnen auf mediterrane Art Seite 104	Einfache Zitronenkekse Seite 139
5	Superfood-Smoothie Seite 59	Fisch auf französisch Art Seite 125	Salat mit scharfer Hühnchenbrust Seite 72	Oliven-Bruschetta Seite 74
6	Dattel-Walnuss-Porridge Seite 57	Hühnchenpaella Seite 121	Focaccia mit gegrilltem Gemüse Seite 134	Erdnuss-Schoko-Süßigkeit Seite 140
7	Wellnessdrink mit Beeren Seite 58	Schneller Nudelauflauf Seite 123	Knackiger Nudelsalat Seite 65	Kichererbsen-Pattys Seite 71

REZEPTE

FRÜHSTÜCK

KAKAOPANCAKES

KCAL	FETT	CHOLESTERIN	BALLASTSTOFFE
227	11 g	35 Mg	2 g

Zutaten

Für 6 Portionen:
200 g Mehl
50 g Zucker
1 Ei
1 Eiweiß
100 ml Buttermilch
30 g Kakao
40 ml Pflanzenöl
1 TL Vanillearoma
2 EL Margarine
1 TL Backpulver
1 Prise Salz

Zubereitung

Mehl, Zucker, Backpulver, Kakao und Salz in einer Schüssel vermengen.

In einer zweiten Schüssel Öl, Ei, Eiweiß, Buttermilch und Vanillearoma miteinander vermischen, bis eine glatte Masse entsteht.

Die feuchten Zutaten zu den trockenen Zutaten geben. Mit einem Schneebesen nur so lange verrühren, bis eine glatte Masse entsteht. 10 Minuten gehen lassen.

In einer großen Pfanne bei mittlerer Temperatur etwas Butter erhitzen, bis sie geschmolzen ist. Jeweils eine Kelle des Teigs in die Pfanne geben und braten, bis die Ränder anbräunen und Blasen entstehen. Dies dauert in der Regel 3 bis 5 Minuten. Die Pancakes wenden und auf der anderen Seite weitere 1 bis 2 Minuten braten.

Sofort genießen!

BUNTES OMELETT

KCAL	FETT	CHOLESTERIN	BALLASTSTOFFE
156	10 g	68 Mg	1 g

Zutaten

Für 4 Portionen:
2 Karotten
1 rote Zwiebel
½ Brokkoli
50 ml fettarme Milch
8 Eiweiß
1 Eigelb
1 Prise Pfeffer
50 g geriebener Cheddar
1 EL Olivenöl

Zubereitung

Karotten reiben. Brokkoli in kleine Stücke schneiden. Zwiebel würfeln.

In einer großen Pfanne Olivenöl bei mittlerer Temperatur erhitzen. Karotten, Brokkoli und Zwiebel hinzugeben. Unter gelegentlichem Rühren 3 bis 5 Minuten braten, bis das Gemüse weich ist.

Das Eiweiß schlagen, bis eine schaumartige Masse entsteht. In einer zweiten Schüssel Eigelb mit Milch und Pfeffer vermengen. Eigelbmischung in den Eischnee unterrühren. Die Eimischung in die Pfanne geben und braten.

Wenn die Ränder durch sind, die Pfanne vorsichtig hin- und herschwenken, damit die noch flüssige Eimasse unter das Omelett fließt. Mit Käse bestreuen und die Pfanne abdecken. 1 weitere Minute braten.

Deckel abnehmen, das Omelett zusammenfalten und sofort genießen.

BLAUER SMOOTHIE

KCAL	FETT	CHOLESTERIN	BALLASTSTOFFE
283	5 g	5 Mg	4 g

Zutaten

Für 2 Portionen:
300 ml fettarme Milch
1 Banane
200 g Blaubeeren
150 g fettarmer Joghurt
4 Eiswürfel

Zubereitung

Milch, Banane, Blaubeeren und Joghurt in einen Mixer geben und pürieren, bis eine glatte Masse entsteht. Eiswürfel hinzugeben und noch einmal pürieren, um die Masse anzudicken. Auf zwei Gläser aufteilen.

Sofort genießen

EXOTISCHER BROTAUFSTRICH

KCAL	FETT	CHOLESTERIN	BALLASTSTOFFE
87	2 g	6 Mg	0 g

Zutaten

Für 100 g:
50 g eingelegte Pfirsiche
50 g fettarmer Frischkäse
1 Stück Ingwer
1 TL Curry
1 TL Zitronensaft
1 TL Honig

Zubereitung

Den Ingwer reiben, bis etwa 1 TL Abrieb entstanden ist.

Alle Zutaten in einen Mixer geben und durchmixen, bis eine glatte Masse entsteht. In eine kleine Schüssel geben, abdecken.

Die Masse ist 4 Tage haltbar. Vor dem Servieren mindestens 20 Minuten lang bei Raumtemperatur weich werden lassen.

FRUCHTIGER ARMER RITTER

KCAL	FETT	CHOLESTERIN	BALLASTSTOFFE
262	5 g	42 Mg	4 g

Zutaten

Für 6 Portionen:
6 Scheiben Vollkorntoast
1 Orange
1 Grapefruit
100 g Zucker
200 ml Orangensaft
1 Ei
2 EL Margarine
1 Ei
1 TL Vanillearoma

Zubereitung

Die Orange und die Grapefruit schälen und klein schneiden. Obst in eine Schüssel geben.

In einem kleinen Topf 50 g Zucker und 100 ml Orangensaft vermengen und zum Kochen bringen. 5-6 Minuten köcheln lassen, bis die Masse andickt. Über die Orangenmischung kippen und an die Seite stellen.

In einem flachen Gefäß 50 g Zucker, 100 ml Orangensaft, Vanillearoma und Ei zu einer glatten Masse rühren.

Toastscheiben in die Eimischung tunken und wenden. Butter in eine Pfanne geben und bei mittlerer Temperatur erhitzen. Toastscheibe darin 6-8 Minuten braten, bis sie goldbraun ist. Zwischendurch wenden.

Mit Orangenkompott servieren.

GESUNDE WAFFELN

KCAL	FETT	CHOLESTERIN	BALLASTSTOFFE
250	5 g	37 Mg	3 g

Zutaten

Für 8 Portionen:
150 g Mehl
40 g Vollkornmehl
150 g Maismehl
1 Ei
4 Eiweiß
2 EL Margarine
400 ml Buttermilch
30 g Zucker
2 TL Backpulver
1 Prise Salz

Zubereitung

Mehl, Vollkornmehl, Maismehl, Backpulver und Salz vermengen.

Die Margarine schmelzen. In einer zweiten Schüssel Ei, Margarine und Buttermilch verrühren. Mehlmischung hinzugeben und gut verrühren, bis eine glatte Masse entsteht.

In einer großen Schüssel den Eiweiß schlagen, bis eine schaumige Masse entsteht. Nach und nach Zucker hinzugeben, bis Eischnee entsteht. In die Mehlmischung unterheben.

Waffeleisen einfetten und 1 Kelle Teig hineingeben. Waffeleisen schließen und Waffeln nach Geräteanleitung backen lassen oder bis der Dampf nachlässt.

Sofort genießen!

ERDNUSS-HIMBEER-SMOOTHIE

KCAL	FETT	CHOLESTERIN	BALLASTSTOFFE
239	10 g	4 Mg	1 g

Zutaten

Für 3 Portionen:
200 g Himbeerjoghurt
200 ml fettarme Milch
3 EL Erdnussbutter
100 g Vanillejoghurt
(idealerweise vorher eingefroren)
2 EL Himbeermarmelade

Zubereitung

Vanille- und Himbeerjoghurt, Milch und Erdnussbutter in einen Mixer geben und pürieren, bis eine glatte Masse entsteht.

Mit einem Löffel Himbeermarmelade dazugeben und nur leicht durchrühren, sodass ein Marmoreffekt entsteht. Auf drei Gläser aufteilen.

Sofort genießen!

SELBSTGEMACHTE ENERGIERIEGEL

KCAL	FETT	CHOLESTERIN	BALLASTSTOFFE
124	4 g	9 Mg	1 g

Zutaten

Für 24 Riegel:
200 g brauner Zucker
50 ml Pflanzenöl
1 Ei
3 Eiweiß
100 ml Orangensaft
50 g Haferflocken
50 g Mehl
2 TL Backpulver
50 g Walnüsse
50 g getrocknete Cranberrys
50 g Rosinen

Zubereitung

Ofen auf 150 °C vorheizen. Ein Backblech mit Backpapier auslegen,

Braunen Zucker, Pflanzenöl, Ei und Orangensaft vermengen. Haferflocken, Mehl und Backpulver dazu rühren, bis eine feuchte Masse entsteht.

Eiweiß in einer zweiten Schüssel zu Eischnee schlagen. In die Hafermischung unterrühren. Walnüsse, Cranberrys und Rosinen einrühren.

Masse auf dem Backblech verteilen. 45 bis 55 Minuten backen, bis die Masse fest und goldbraun ist. 20 Minuten abkühlen lassen und dann in Riegel schneiden.

MANDEL-BEEREN-TOAST

KCAL	FETT	CHOLESTERIN	BALLASTSTOFFE
261	10 g	0 Mg	2 g

Zutaten

Für 2 Portionen:
2 Scheiben Vollkorntoast
50 g Blaubeeren
50 g Johannisbeeren
2 EL Mandelmus
1 TL Honig
1 Prise Salz

Zubereitung

Beeren mit einer Gabel zerdrücken und mit Honig vermengen.

Mandelmus auf die Toastscheiben schmieren. Beeren-Honigmischung darauf geben und verteilen.

Etwas Salz auf den Toast geben.

KIRSCH-ZIMT-HAFERBREI

KCAL	FETT	CHOLESTERIN	BALLASTSTOFFE
377	6 g	1 Mg	8 g

Zutaten

Für 6 Portionen:
600 ml Wasser
600 ml fettarme Milch
400 g Haferflocken
100 g getrocknete Kirschen
5 EL brauner Zucker
2 EL Pekannüsse
1 Prise Salz
1 Prise Zimt
2 Tropfen Vanilleextrakt

Zubereitung

Die Kirschen klein schneiden. Die Pekannüsse klein schneiden und in einer Pfanne ohne Öl kurz anrösten.

Wasser, Milch, Haferflocken, Kirschen und Salz in einen großen Topf geben und zum Kochen bringen. Anschließend die Temperatur reduzieren und unter gelegentlichem Rühren 20 Minuten köcheln lassen.

Wenn die Masse angedickt ist, den Topf von der Herdplatte nehmen und Zimt, Vanille und 4 EL braunen Zucker hinzugeben.

Haferbrei mit den Pekannüssen und dem restlichen braunen Zucker garnieren.

MEDITERRANES OMELETT

KCAL	FETT	CHOLESTERIN	BALLASTSTOFFE
69	2 g	8 MG	1 g

Zutaten

Für 1 Portion:
2 Eiweiß
1 EL Feta
50 g TK-Spinat
1 EL Öl
1 Prise Salz
1 Prise Pfeffer
1 Prise italienische Gewürze

Zubereitung

Das Eiweiß mit Salz, Pfeffer und italienischen Gewürzen aufschlagen.

Öl in eine Pfanne geben und bei mittlerer Temperatur erhitzen. Eimischung in die Pfanne geben und 3-4 Minuten braten, bis das Omelett durch ist.

Spinat auf die Eier geben und die Pfanne abdecken, bis der Spinat durchgedämpft ist.

Den Feta über das Omelett geben.

Mit einem Pfannenwender die Ränder des Omeletts lockern und zur Hälfte falten.

Sofort genießen!

LACHS-EI-SANDWICH

KCAL	FETT	CHOLESTERIN	BALLASTSTOFFE
214	1 g	7 Mg	1 g

Zutaten

Für 1 Portion:
2 Scheiben Vollkorntoast
2 Scheiben Räucherlachs
1 Tomatenscheibe
2 Eiweiß
¼ Zwiebel
½ TL Olivenöl
1 Prise Salz

Zubereitung

Das Olivenöl in einer Pfanne bei mittlerer Temperatur erhitzen. Die Zwiebel dazugeben und etwa 1 Minute braten.

Eiweiß und Salz hinzugeben. 1 Minute unter ständigen Rühren braten, bis die Eier fest werden.

Das Brot toasten. Eier auf dem Toast verteilen, danach den Räucherlauchs und abschließend die Tomate draufgeben.

FRÜHLINGS-FRITTATA

KCAL	FETT	CHOLESTERIN	BALLASTSTOFFE
108	1 g	63 MG	1 g

Zutaten

Für 4 Portionen:
170 g Champignons
170 g grüner Spargel
5 Eiweiß
1 Ei
110 g Räucherlachs
3 EL fettarme Milch
2 EL fettarme Crème fraîche
2 EL Dill
1 Prise Pfeffer
Etwas Pflanzenöl

Zubereitung

Pilze. Lachs und Spargel in kleine Stücke schneiden. Dill klein hacken.

Pflanzenöl in einer Pfanne bei mittlerer Temperatur erhitzen. Pilze und Spargel hinzugeben und unter gelegentlichem Rühren 5 Minuten lang braten.

In einer Schüssel Eiweiß, Ei, Milch, 1 EL Dill und Pfeffer vermengen. Lachs unterheben.

Eimischung mit in die Pfanne geben und gleichmäßig verteilen. 4 Minuten braten, bis die Ränder fest werden. Anschließend Deckel auf die Pfanne geben und weitere 2 Minuten braten, bis die ganze Frittata fest ist.

Frittata in Stücke schneiden und mit dem restlichen Dill und Crème fraîche servieren.

APPLE CRUMBLE

KCAL	FETT	CHOLESTERIN	BALLASTSTOFFE
450	19 g	0 Mg	11 g

Zutaten

Für 8 Portionen:
10 Äpfel
300 g Haferflocken
100 g getrocknete Cranberrys
100 g Vollkornmehl
50 g Walnüsse
6 EL Pflanzenöl
4 EL Ahornsirup
2 EL Zucker
2 EL Leinsamen
1 TL Zimt

Zubereitung

Ofen auf 190°C vorheizen. Eine Auflaufform einfetten. Äpfel schälen und in große Würfel schneiden. Walnüsse klein hacken.

Äpfel und Cranberrys in die Form geben und gleichmäßig verteilen. Zucker gleichmäßig auf die Früchte geben.

In einer Schüssel Mehl, Haferflocken, Walnüsse, Leinsamen, Zimt, Öl und Ahornsirup vermengen. Fischung über die Früchte geben und festdrücken.

Aluminiumfolie einölen und mit der öligen Seite nach unten auf die Auflaufform geben. 45 Minuten in den Backofen geben oder bis die Äpfel weich sind. Die Folie entfernen und für weitere 25 Minuten backen, bis das Topping goldbraun ist.

SCHNELLES RÜHREI MIT FISCH

KCAL	FETT	CHOLESTERIN	BALLASTSTOFFE
131	7 g	22 Mg	0 g

Zutaten

Für 1 Portion:
2 Eiweiß
30 g Fisch (z.B. Forelle, Heilbutt)
1 TL Pflanzenöl
1 TL Petersilie
1 Prise Pfeffer

Zubereitung

Fisch klein schneiden. Öl in einer Pfanne erhitzen und Misch hinzugeben. Fisch bei mittlerer Temperatur etwa 2 Minuten unter gelegentlichem Rühren braten. Mit Pfeffer abschmecken.

Petersilie hinzugeben und Eiweiß über den Fisch geben. Mit einen Pfannenwender gut durchrühren und etwa 2 Minuten braten, bis das Ei fest wird.

FRÜHLINGS-FRITTATA

KCAL	FETT	CHOLESTERIN	BALLASTSTOFFE
108	1 g	63 MG	1 g

Zutaten

Für 4 Portionen:
170 g Champignons
170 g grüner Spargel
5 Eiweiß
1 Ei
110 g Räucherlachs
3 EL fettarme Milch
2 EL fettarme Crème fraîche
2 EL Dill
1 Prise Pfeffer
Etwas Pflanzenöl

Zubereitung

Pilze, Lachs und Spargel in kleine Stücke schneiden. Dill klein hacken.

Pflanzenöl in einer Pfanne bei mittlerer Temperatur erhitzen. Pilze und Spargel hinzugeben und unter gelegentlichem Rühren 5 Minuten lang braten.

In einer Schüssel Eiweiß, Ei, Milch, 1 EL Dill und Pfeffer vermengen. Lachs unterheben.

Eimischung mit in die Pfanne geben und gleichmäßig verteilen. 4 Minuten braten, bis die Ränder fest werden. Anschließend Deckel auf die Pfanne geben und weitere 2 Minuten braten, bis die ganze Frittata fest ist.

Frittata in Stücke schneiden und mit dem restlichen Dill und Crème fraîche servieren.

JOGHURT-PARFAIT

KCAL	FETT	CHOLESTERIN	BALLASTSTOFFE
255	7 g	6 MG	6 g

Zutaten

Für 1 Portion:
6 EL fettarmer Joghurt
4 Erdbeeren
50 g zuckerarmes Müsli mit Nüssen
2 EL Rosinen
50 g Blaubeuren
1 EL Mandeln

Zubereitung

Erdbeeren halbieren. Mandeln in einer Pfanne ohne Öl anrösten.

4 Erdbeerhälften auf den Grund eines Glases legen. 3 EL Joghurt darauf geben. Blaubeeren hinzufügen und mit den restlichen 3 EL Joghurt auffüllen.

Die restlichen Erdbeerhälften oben auf das Parfait geben und die Mandeln darüber streuen.

EIERSPEISE MIT PILZEN

KCAL	FETT	CHOLESTERIN	BALLASTSTOFFE
109	7 g	246 MG	0 g

Zutaten

Für 4 Portionen:
110 g Champignons
4 große Eier
4 EL fettarme Milch
1 TL Butter
1 EL Petersilie
Salz und Pfeffer

Zubereitung

Champignons entstielen und in Wüfel schneiden. Petersilie klein hacken. Ofen auf 180°C vorheizen. Vier kleine Auflaufformen mit etwas Öl einfetten.

Butter in einer kleinen Pfanne bei mittlerer Temperatur schmelzen. Pilze und Petersilie dazugeben und unter gelegentlichem Umrühren 7 Minuten braten, bis die Pilze weich werden. Mit Salz und Pfeffer abschmecken. Die Pilze auf die Auflaufformen verteilen.

Ein Ei in einer Schüssel aufschlagen und vorsichtig in eine Auflaufform geben. 1 EL Milch dazugeben, mit etwas Pfeffer würzen. Den Vorgang mit den restlichen Eiern wiederholen. Jede Auflaufform mit etwas Alufolie abdecken. Kleine Auflaufformen in eine große Form geben, diese wiederrum mit so viel Wasser füllen, dass die kleinen Formen halb im Wasser stehen. 20 Minuten backen (für härtere Eier etwas länger).

Vor dem Servieren vorsichtig die Folie entfernen und Form abtrocknen.

APFELSTRUDEL-SMOOTHIE

KCAL	FETT	CHOLESTERIN	BALLASTSTOFFE
180	1 g	3 MG	2 g

Zutaten

Für 2 Portionen:
200 ml Apfelmus
100 g Vanillejoghurt
1 Apfel
4 Eiswürfel
1 Prise Zimt

Zubereitung

Apfel entkernen, schälen und in Würfel schneiden. Apfelmus, Joghurt, Zimt und Apfel in einen Mixer geben und gut durchpürieren. Eiswürfel hinzugeben und noch einmal pürieren, bis eine glatte Masse entsteht.

Falls der Smoothie zu dick ist, mit etwas Wasser verdünnen. Auf zwei Gläser aufteilen.

MEXIKANISCHES FRÜHSTÜCK

KCAL	FETT	CHOLESTERIN	BALLASTSTOFFE
229	10 g	240 MG	2 g

Zutaten

Für 4 Portionen:
4 Eier
4 Maistortillas
8 Scheiben Bacon
200 ml Salsa
2 TL Brandweinessig
1 Prise Salz

Zubereitung

50 ml Wasser, Essig und Salz in eine kleine Pfanne geben und zum Kochen bringen. Anschließend Temperatur reduzieren. Pfanne abdecken und Eier 3-5 Minuten dämpfen lassen, bis das Eiweiß fest wird. Eier mit einem Pfannenwender aus der Pfanne holen. Bacon in einer Pfanne 2 Minuten anbraten, bis er leicht anbräunt. In der Zwischenzeit Salsa in einem kleinen Topf und Tortillas in der Mikrowelle erwärmen. 1 Tortilla auf einen warmen Teller geben. ¼ der Salsa darauf geben und verteilen. Darauf zwei Scheiben Bacon verteilen. 1 Ei dazugeben und die Tortilla als Wrap zusammenrollen. Sofort genießen!

MANGO-BANANEN-SMOOTHIE

KCAL	FETT	CHOLESTERIN	BALLASTSTOFFE
201	3 g	3 Mg	4 g

Zutaten

Für 3 Portionen:
400 ml Hafermilch (alternativ: andere Pflanzenmilch)
200 g gefrorene Mangos
1 Banane
50 g Haferflocken
50 ml Zitronensaft
1 EL Leinsamen

Zubereitung

Alle Zutaten in einen Mixer geben und gut durchpürieren, bis eine glatte Masse entsteht.

Sofort genießen!

FRÜCHTESOUFFLÉ

KCAL	FETT	CHOLESTERIN	BALLASTSTOFFE
283	7 g	68 MG	2 g

Zutaten

Für 4 Portionen:
2 Pfirsiche
50 ml Pfirsichsaft
3 EL Himbeergelee
6 Eiweiß
1 Eigelb
2 EL Butter
2 EL Mehl
50 g Zucker
1 Prise Salz
½ TL Speisestärke

Zubereitung

Pfirsiche in kleine Würfel schneiden. Ofen auf 200°C vorheizen. Eine Auflaufform einfetten. Butter bei mittlerer Temperatur in einer Pfanne erhitzen. Mehl und Salz hinzufügen, unter ständigem Rühren 3 Minuten erhitzen. 1 EL Zucker, Pfirsichsaft und Gelee dazugeben. Umrühren, bis die Mischung Blasen wirft. Von der Herdplatte nehmen und Eigelb und Pfirsiche einrühren.

In einer großen Schüssel Salz mit Eiweiß und Speisestärke kombinieren, bis eine schaumige Masse entsteht. 3 EL Zucker einrühren, bis die Masse fest wird.

Eischnee nach und nach in die Pfirsichmischung unterheben. Teig in die Auflaufform geben. 35 bis 45 Minuten backen. Sofort genießen!

HAFER-PANCAKES

KCAL	FETT	CHOLESTERIN	BALLASTSTOFFE
410	20 g	93 MG	5 g

Zutaten

Für 2 Portionen:
200 g Haferflocken
100 ml Apfelmus
1 Ei
2 EL Ahornsirup
2 EL Pflanzenöl

Zubereitung

Haferflocken, Apfelmus, Ei und Ahornsirup in einen Mixer geben. Gut durchpürieren, bis eine glatte Masse entsteht.

In einer großen Pfanne das Öl bei mittlerer Temperatur erhitzen. Für jeden Pancake 2 EL Teig in die Pfanne geben. Pancakes 1 bis 2 Minuten braten, bis Blasen an der Oberfläche entstehen. Anschließend mit einem Pfannenwender umdrehen und weitere 1-2 Minuten braten.

Warm genießen!

PROTEIN-OBST-SHAKE

KCAL	FETT	CHOLESTERIN	BALLASTSTOFFE
229	8 g	3 MG	4 g

Zutaten

Für 2 Portionen:
1 Banane
100 ml fettarme Milch
100 g fettarmer Vanillejoghurt
2 EL Leinsamen
1 EL cremige Erdnussbutter
Etwas Vanillearoma

Zubereitung

Die Leinsamen in einen Mixer geben und bestmöglich zu einer pulverförmigen Konsistenz verarbeiten.

Alle anderen Zutaten dazu geben und pürieren, bis eine glatte Masse entsteht. Auf zwei Gläser aufteilen.

Sofort genießen!

FRÜHSTÜCKSMUFFINS

KCAL	FETT	CHOLESTERIN	BALLASTSTOFFE
150	7 g	45 MG	2 g

Zutaten

Für 12 Muffins:
250 g Vollkornmehl
100 g Apfelmus
50 g Zucker
7 Karotten
2 Eier
50 ml fettarme Milch
50 ml Pflanzenöl
1 ½ TL Backpulver
1 TL Vanillearoma
1 TL Zimt
1 Prise Salz

Zubereitung

Karotten schälen und klein raspeln. Ofen auf 180 °C vorheizen. Ein Muffinblech einfetten oder Einweg-Muffinförmchen nutzen.

Mehl, Zucker, Backpulver, Zimt und Salz vermengen. In einer zweiten Schüssel die Karotten, Apfelmus, Eier, Milch, Öl und Vanille verrühren.

Die Hälfte der Karottenmischung zu den trockenen Zutaten geben und gut vermengen. Anschließend den Rest der Karottenmischung hinzugeben und verrühren, bis eine glatte Masse entsteht.

Den Teig auf die Muffinförmchen aufteilen und 20 Minuten backen. Wenn an einem Zahnstocher kein Teig mehr hängen bleibt, sind die Muffins gut. Die Muffins aus den Formen nehmen und vor dem Servieren mindestens fünf Minuten abkühlen lassen.

DATTEL-WALNUSS-PORRIDGE

KCAL	FETT	CHOLESTERIN	BALLASTSTOFFE
194	2 g	2 MG	4 g

Zutaten

Für 4 Portionen:
400 ml fettarme Milch
200 g Haferflocken
100 g entkernte Datteln
1 EL brauner Zucker
1 Zimtstange
2 EL Walnüsse
1 Apfel
½ TL Vanillearoma
1 Prise Salz

Zubereitung

Apfel schälen, entkernen und klein schneiden. Walnüsse klein hacken.

Milch, Haferflocken, Datteln, brauner Zucker, Salz und die Zimtstange in einem großem Topf bei mittlerer Hitze zum Kochen bringen. Unter ständigem Rühren 4 Minuten lang kochen lassen.

Wenn die Haferflocken eine dicke und cremige Konsistenz erhalten, den Topf von der Herdplatte nehmen. Zimtstange entfernen und Vanillearoma einrühren. Porridge auf vier Schüsseln verteilen und mit Walnüssen und Apfelstücken toppen.

ERDBEERSHAKE MIT SEIDENTOFU

KCAL	FETT	CHOLESTERIN	BALLASTSTOFFE
279	15 g	9 MG	5 g

Zutaten

Für 2 Portionen:
200 ml Mandelmilch
150 g gefrorene Erdbeeren
150 g gefrorene Mango
50 ml Wasser
1 große Banane
50 g Seidentofu
2 TL Hanfsamen

Zubereitung

Alle Zutaten in einen Mixer geben und gut durchpürieren, bis eine glatte Masse entsteht. Sollte die Flüssigkeit noch zu dickflüssig sein, etwas mehr Wasser dazugeben.

Sofort genießen!

SÜSSER ERDBEER-RHABARBER-SHAKE

KCAL	FETT	CHOLESTERIN	BALLASTSTOFFE
372	27 g	10 Mg	4 g

Zutaten

Für 1 Portion:
200 ml Kokosmilch
100 g gefrorene Erdbeeren
½ Banane
½ Stange Rhabarber
3 EL Haferflocken
1 EL Mandeln
1 EL Ahornsirup
Etwas Crushed Ice
1 TL Vanillearoma

Zubereitung

Alle Zutaten in einen Mixer geben und gut durchpürieren, bis eine glatte Masse entsteht. Je nachdem, ob die gewünschte Konsistenz schon erreicht ist, mehr Crushed Ice oder Wasser hinzugeben.

Sofort genießen!

WELLNESSDRINK MIT BEEREN

KCAL	FETT	CHOLESTERIN	BALLASTSTOFFE
390	5 g	10 Mg	14 g

Zutaten

Für 2 Portionen:
600 g TK-Beerenmix
200 ml Kokosmilch
200 ml Kokoswasser
1 Banane
50 g Goji-Beeren
2 TL Wasser
1 TL Zimt

Zubereitung

In einem Mixer Goji-Beeren und Wasser 30 Sekunden langen mixen, bis eine gleichmäßige Masse entsteht.

Kokosmilch, Kokoswasser, Bananen, TK-Beeren und Zimt in den Mixer geben und durchpürieren, bis eine glatte Masse entsteht. Sollte die Masse noch zu dickflüssig sein, etwas mehr Wasser hinzufügen.

Sofort genießen!

SUPERFOOD-SMOOTHIE

KCAL	FETT	CHOLESTERIN	BALLASTSTOFFE
168	4 g	2 Mg	7 g

Zutaten

Für 1 Portion:
200 ml Sojamilch (alternativ: andere pflanzliche Milch)
½ Banane
50 g Babyspinat
2 EL Kokoswasser
1 TL Matchapulver
1 TL Chiasamen
½ Vanillearoma

Zubereitung

Spinat mit Kokoswasser in einen Mixer geben und gut durchpürieren. Die restlichen Zutaten hinzufügen und alles zu einer glatten Masse verarbeiten.

Falls die Konsistenz noch zu dickflüssig ist, etwas Milch oder Eis hinzugeben.

Sofort genießen!

TROPISCHER SMOOTHIE

KCAL	FETT	CHOLESTERIN	BALLASTSTOFFE
237	3 g	6 Mg	5 g

Zutaten

Für 2 Portionen:
200 g TK-Blaubeeren
200 g TK-Ananasstücke
4 Bananen
100 ml Vanille-Mandeldrink
125 g fettarmer Joghurt

Zubereitung

Alle Zutaten in einen Mixer geben und gut durchpürieren, bis eine glatte Masse entsteht. Je nachdem, ob die gewünschte Konsistenz schon erreicht ist, mehr Crushed Ice oder Mandeldrink hinzugeben.

Sofort genießen!

BANANEN-MANDEL-SMOOTHIE

KCAL	FETT	CHOLESTERIN	BALLASTSTOFFE
412	25 g	3 Mg	11 g

Zutaten

Für 1 Portion:
200 ml Mandelmilch
1 gefrorene Banane
2 EL Mandelmus
1 EL Leinsamen
1 TL Ahornsirup
1 Prise Zimt

Zubereitung

Alle Zutaten bis auf den Zimt in einen Mixer geben und gut durchpürieren, bis eine glatte Masse entsteht. Sollte die Flüssigkeit noch zu dickflüssig sein, etwas mehr Mandelmilch dazugeben. Vor dem Servieren mit Zimt bestäuben.

Sofort genießen!

GELBER FRÜHSTÜCKSDRINK

KCAL	FETT	CHOLESTERIN	BALLASTSTOFFE
379	16 g	0 Mg	11 g

Zutaten

Für 1 Portion:
200 ml Hafermilch
70 g Karotten
50 g Haferflocken
½ gefrorene Banane
1 Löffel Vanille-Proteinpulver
1 EL Walnüsse
1 EL Rosinen
1 EL Leinsamen
1 TL Zimt

Zubereitung

Karotten klein reiben. Alle Zutaten in einen Mixer geben und gut durchpürieren, bis eine glatte Masse entsteht. Sollte die Flüssigkeit noch zu dickflüssig sein, etwas mehr Hafermilch dazugeben.

Sofort genießen!

LEICHTES & VORSPEISEN

ITALIENISCHE VORSPEISE

KCAL	FETT	CHOLESTERIN	BALLASTSTOFFE
134	4 g	9 Mg	228 g

Zutaten

Für 12 Scheiben:
1 Vollkornbaguette
50 g Feigenmarmelade
2 Feigen (frisch oder getrocknet)
6 dünne Scheiben italienischer Schinken
2 EL Olivenöl
1 EL Balsamico-Essig

Zubereitung

Brot in 12 Scheiben schneiden. Feigen in dünne Scheiben schneiden. Schinkenscheiben halbieren. Ein Backblech mit Backpapier auslegen

Beide Seiten der Brotscheiben mit Olivenöl bestreichen. Brotscheiben in eine Pfanne geben und beide Seiten jeweils 2-4 Minuten bei mittlerer Hitze anbraten, bis sie leicht anbräunen. Anschließend auf einen Teller legen.

Die Brotscheiben mit Feigenmarmelade beschmieren. Anschließend Feigen- und Schinkenscheiben darauf legen. Alle Brote mit etwas Balsamico-Essig beträufeln.

Sofort genießen!

SCHARFER DIP

KCAL	FETT	CHOLESTERIN	BALLASTSTOFFE
26	0,2 g	0 Mg	1 g

Zutaten

Für 600 ml:
4 Peperoni (z.B. Jalapeño, Habanero, grün)
4 Knoblauchzehen
1 rote Zwiebel
5 reife Tomaten
3 EL Zitronensaft
1 Prise Salz
1 Prise Pfeffer

Zubereitung

Peperoni, Knoblauch, Zwiebel und Tomaten klein schneiden. Anschließend in einer großen Schüssel miteinander vermengen.

In einer kleineren Schüssel Zitronensaft, Salz und Pfeffer miteinander verrühren und zu der Tomatenmischung geben.

Abdecken und vor dem Servieren mindestens 3 bis 4 Stunden im Kühlschrank ziehen lassen.

HÄHNCHEN-SCHASCHLIK

KCAL	FETT	CHOLESTERIN	BALLASTSTOFFE
119	4 g	45 Mg	0,4 g

Zutaten

Für 8 Portionen;
500 g Hähnchenbrust
50 ml Kokosmilch
1 Dose Ananas in Stücken
50 ml Ananassaft
2 EL Limettensaft
1 EL Sesamöl
½ EL Tabasco

Zubereitung

Hähnchenbrust in 4 bis 8 Teile schneiden.

Kokosmilch, Sesamöl, Tabasco und Ananassaft miteinander vermengen. Hähnchenstücke in die Kokosmischung geben und gut damit bedecken. Abdecken und für mindestens 8 Stunden in den Kühlschrank stellen.

Auf Spießen abwechselnd Hähnchenstücke und Ananas aufspießen.

Grill vorbereiten und vorheizen. Spieße auf den Grill geben und unter häufigem Umdrehen 8 bis 12 Minuten grillen, bis das Fleisch durch ist.

Vor dem Servieren mit etwas Limettensaft beträufeln.

AVOCADO-DIP

KCAL	FETT	CHOLESTERIN	BALLASTSTOFFE
129	8 g	4 Mg	5 g

Zutaten

Für 600 ml:
2 Avocados
3 Knoblauchzehen
1 Zwiebel
2 EL Zitronensaft
1 EL Olivenöl
150 g TK-Erbsen
50 ml fettarme Crème fraîche
1 Prise Salz
1 Prise Chili

Zubereitung

Zwiebel und Knoblauch klein schneiden.

Olivenöl in einer Pfanne bei mittlerer Temperatur erhitzen und Zwiebel und Knoblauch hinzugeben. Unter ständigem Rühren etwa 4 Minuten erhitzen. Erbsen hinzugeben und 2-4 Minuten braten, bis sie weich sind. Von der Herdplatte nehmen und 20 Minuten abkühlen lassen.

Avocado schälen und entkernen. In eine Schüssel mit Zitronensaft und Salz geben. Pfanneninhalt dazugeben und mit einem Kartoffelstampfer vermengen. Crème fraîche und Chilipulver einrühren.

Sofort genießen oder abgedeckt bis zu vier Stunden vor dem Servieren im Kühlschrank lagern.

SÜßER DIP

KCAL	FETT	CHOLESTERIN	BALLASTSTOFFE
99	3 g	10 Mg	0 g

Zutaten

Für 6 Portionen:
1 Packung fettarmer Frischkäse
200 g Vanillejoghurt
2 EL Honig
2 EL Orangensaft
2 EL brauner Zucker

Zubereitung

In einer Schüssel Frischkäse aufschlagen, bis eine fluffige Konsistenz erreicht wird. Nach und nach Joghurt hinzufügen, bis eine glatte Masse entsteht.

Honig, Orangensaft und braunen Zucker hinzufügen und gut durchrühren. Abdecken und vor dem Servieren mindestens 4 Stunden im Kühlschrank ruhen lassen.

QUESADILLA MIT MEDITERRANEN ZUTATEN

KCAL	FETT	CHOLESTERIN	BALLASTSTOFFE
181	6 g	18 Mg	3 g

Zutaten

Für 8 Portionen:
12 Tortillas
200 g fettarmer Reibekäse
1 Gurke
200 g fettarmer Joghurt
4 Frühlingszwiebeln
3 Tomaten
100 g frischer Babyspinat
100 g Fetakäse
1 EL Zitronensaft
1 Prise Oregano

Zubereitung

Frühlingszwiebeln und Tomaten klein schneiden. Gurke schälen, entkernen und klein schneiden. In einer kleinen Schüssel Joghurt, Oregano, Gurke und Zitronensaft verrühren. In einer zweiten Schüssel Feta, Frühlingszwiebeln, Tomaten, Babyspinat und Käse vermengen.

Pfanne ohne Öl erhitzen. Tortilla in die Pfanne geben, Tomatenmischung darauf verteilen. Zweite Tortilla darauf geben und vorsichtig mit einem Pfannenwender draufdrücken. Quesadilla erwärmen, bis die Tortilla unten leicht anbräunt. Anschließend wenden und Vorgang auf der anderen Seite wiederholen, bis der Käse geschmolzen ist.

In Viertel schneiden und mit Joghurtmischung servieren.

HUMMUS MIT KNOBLAUCH

KCAL	FETT	CHOLESTERIN	BALLASTSTOFFE
232	12 g	17 Mg	5 g

Zutaten

Für 6 Portionen:
1 Dose Kichererbsen
1 Knoblauchknolle
2 EL Zitronensaft
50 g Tahin
2 EL Olivenöl
3 EL Sesamkörner

Zubereitung

Sesamkörner in einer Pfanne ohne Öl leicht anrösten. Knoblauch häuten, klein schneiden und mit etwas Öl in einer kleinen Pfanne kurz anbraten, bis er glasig wird.

Knoblauch mit den Kircherbsen, dem Zitronensaft und Tahin in einen Mixer geben und pürieren, bis eine glatte Masse entsteht.

In eine kleine Schüssel geben und zur Garnierung etwas Olivenöl und die Sesamkörner auf den Hummus geben.

FRISCHER SOMMERSALAT

KCAL	FETT	CHOLESTERIN	BALLASTSTOFFE
120	1 g	2 Mg	3 g

Zutaten

Für 4 Portionen:
2 Gurken
2 reife Mangos
100 g Naturjoghurt
50 ml Buttermilch
2 EL Zitronensaft
1 EL Honig
2 EL Dill
1 Zwiebel

Zubereitung

Zwiebel klein schneiden, Dill klein hacken.

Joghurt, Buttermilch, Zitronensaft, Honig, Dill und Zwiebel in ein einer großen Schüssel mit einem Schneebesen vermengen.

Gurke schälen und Kerne entfernen. Anschließend vierteln und zur Joghurtmischung geben.

Mango schälen und entkernen. In Würfel schneiden und ebenfalls zur Joghurtmischung geben.

Den Salat gut vermengen und vor dem Servieren mindestens 2 bis 3 Stunden im Kühlschrank ziehen lassen.

KNACKIGER NUDELSALAT

KCAL	FETT	CHOLESTERIN	BALLASTSTOFFE
362	15 g	0 Mg	2 g

Zutaten

Für 8 Portionen:
1 Packung Vollkornspirelli
100 g fettarme Mayonnaise
2 rote Paprika
4 Stangen Sellerie
1 Gurke
500 g Cocktailtomaten
80 ml Olivenöl
50 ml Weißweinessig
2 Knoblauchzehen
3 TL Petersilie
1 TL Oregano
1 Prise Pfeffer

Zubereitung

Knoblauch pressen. Paprika, Sellerie und Gurke klein schneiden. Tomaten halbieren. Nudeln nach Packungsvorgabe kochen.

In einer großen Schüssel Mayonnaise, Olivenöl, Essig, Knoblauch, Oregano, Petersilie und Pfeffer mit einem Schneebesen gut vermengen. Paprika, Sellerie, Gurke und Tomaten dazugeben.

Nudeln direkt nach dem Kochen in die Schüssel geben und alles gut Vermengen, sodass alle Zutaten mit der Sauce bedeckt sind.

Abdecken und vor dem Servieren mindestens 4 Stunden im Kühlschrank ziehen lassen.

PEKANNUSS-SNACK

KCAL	FETT	CHOLESTERIN	BALLASTSTOFFE
95	10 g	0 Mg	1 g

Zutaten

Für 36 Portionen:
500 g Pekannüsse
2 EL Olivenöl
1 EL brauner Zucker
1 TL Salz
1 TL Thymian
1 TL Rosmarin
1 Prise schwarzer Pfeffer
1 Prise Cayenne-Pfeffer

Zubereitung

Die Pekannüsse halbieren. Den Ofen auf 180°C vorheizen. Backpapier auf ein Backblech legen.

Pekannüsse auf dem Backblech verteilen und 12 Minuten lang im Ofen rösten. Dabei gelegentlich durchmixen.

Anschließend die Nüsse in eine große Schüssel geben und mit Olivenöl vermengen. An die Seite stellen.

In einer kleinen Schüssel braunen Zucker, Salz, Thymian, Rosmarin und Pfeffer vermischen. Mischung zu den Nüssen geben und gut durchmengen. Der Snack kann warm und kalt serviert werden.

SOMMERSALAT MIT KICHERERBSEN

KCAL	FETT	CHOLESTERIN	BALLASTSTOFFE
252	3 g	6 Mg	4 g

Zutaten

Für 4 Portionen:
1 Kopf Römersalat
1 Dose Kichererbsen
2 Gurken
1 kleine Dose Mais
30 g geriebener Parmesan
½ rote Zwiebel
50 ml Olivenöl
2 EL Zitronensaft
1 Prise Salz
1 Prise Pfeffer

Zubereitung

Gurken vierteln. Zwiebel in kleine Würfel schneiden. Römersalat in dünne Streifen schneiden.

Kircherbsen, Gurke, Mais, Zwiebel und Römersalat in einer großen Schüssel vermengen.

In einer kleinen Schüssel Zitronensaft, Olivenöl, Salz und Pfeffer zusammenrühren.

Dressing zum Salat geben und alles gut durchmengen. Vor dem Servieren etwas Parmesan auf den Salat geben.

ZUCCHINI-RÖLLCHEN MIT ZIEGENKÄSE

KCAL	FETT	CHOLESTERIN	BALLASTSTOFFE
80	6 g	5 Mg	2 g

Zutaten

Für 4 Portionen:
3 Zucchini
50 g Ziegenkäse
60 g Babyspinat
5 Basilikumblätter
1 EL Olivenöl
1 EL Petersilie
½ TL Zitronensaft
1 Prise Salz
1 Prise Pfeffer

Zubereitung

Die Zucchini längs in Scheiben von etwa 0,5 Zentimeter Dicke schneiden. Die äußeren Enden zur Seite legen. Eine Grillpfanne bei mittlerer Temperatur erhitzen.

Die Zucchinischeiben auf beiden Seiten mit dem Öl bestreichen und etwas Salz und Pfeffer darauf geben. Die Zucchini auf beiden Seiten jeweils 4 Minuten grillen.

In einer kleinen Schüssel Ziegenkäse, Petersilie und Zitronensaft vermengen. Einen halben Teelöffel der Käsemischung an ein Ende der Zucchinischeibe geben. Ein paar Spinatblätter darauf geben und die Zucchinischeibe aufrollen. Vorgang mit den restlichen Zucchini wiederholen.

FRUCHTIGER AVOCADO-SALAT

KCAL	FETT	CHOLESTERIN	BALLASTSTOFFE
28	19 g	0 Mg	7 g

Zutaten

Für 4 Portionen:
800 g frischer Salat
1 Avocado
1 Zwiebel
2 große Orangen
100 ml Olivenöl
100 g Koriander
50 ml Zitronensaft
50 ml Orangensaft
1 Prise Salz
1 Prise Knoblauchpulver
1 Prise Pfeffer

Zubereitung

Avocado schälen, entkernen und würfeln. Zwiebel würfeln. Orangen entkernen und in klein schneiden.

In einem Mixer Öl, Koriander, Zitronensaft, Orangensaft, Salz, Pfeffer und Knoblauchpulver pürieren, bis eine glatte Vinaigrette entsteht.

In einer großen Schüssel Salat, Avocado, Zwiebel und Orangen vermengen.

Salat mit der Vinaigrette vermengen.

GESUNDER KARTOFFELSALAT

KCAL	FETT	CHOLESTERIN	BALLASTSTOFFE
318	21 g	0 Mg	6 g

Zutaten

Für 8 Portionen:
1 kg kleine Kartoffeln
800 g frischer Salat
750 g grüne Bohnen
100 g Basilikumblätter
100 g Pinienkerne
50 g geriebener Parmesan
1 Knoblauchzehe
100 ml Olivenöl
1 Prise Salz
1 Prise Pfeffer

Zubereitung

Die Kartoffeln gründlich waschen und halbieren. Die Enden der grünen Bohnen entfernen und Bohnen halbieren.

In einem großen Topf Kartoffeln mit Wasser abdecken. Eine Prise Salz dazugeben und zum Kochen bringen. Anschließend Hitze reduzieren und 15 Minuten köcheln lassen, bis die Kartoffeln weich sind. Kartoffeln aus dem Wasser nehmen.

Wasser wieder zum Kochen bringen und grüne Bohnen darin 3 Minuten kochen. Bohnen abseihen und mit kalten Wasser abschrecken.

In einem, Mixer Basilikum, Olivenöl, Pinienkerne, Parmesan, Knoblauch, Salz und Pfeffer vermengen. Pürieren, bis ein glattes Pesto entsteht.

Warme Kartoffeln, Bohnen und Pesto in einer großen Schüssel vermengen. Kartoffelsalat auf 100 g Salat servieren.

ROTKRAUTSALAT

KCAL	FETT	CHOLESTERIN	BALLASTSTOFFE
76	5 g	0 Mg	2 g

Zutaten

Für 8 Portionen:
1 Rotkohl
2 Karotten
2 Tomaten
½ Gurke
3 EL Distelöl
3 EL Reisessig
1 Prise Salz
1 Prise Pfeffer

Zubereitung

Gurke schälen und in kleine Würfel schneiden. Rotkohl entstielen und zerreiben oder in sehr kleine Streifen schneiden. Karotten zerreiben und mit dem Rotkohl und den Gurkenwürfeln in eine Schüssel geben. Die Tomaten in kleine Würfel schneiden und zu dem anderen Gemüse geben. In einer kleinen Schüssel Distelöl und Reisessig vermengen und über das Gemüse geben. Mit Salz und Pfeffer abschmecken.

KALTER CURRY-COUSCOUS

KCAL	FETT	CHOLESTERIN	BALLASTSTOFFE
257	4 g	0 Mg	4 g

Zutaten

Für 8 Portionen:
400 ml Wasser
300 g ungekochter Couscous
150 g Cranberrys
100 g TK-Erbsen
1 Dose Kichererbsen
50 g Frühlingszwiebeln
4 Knoblauchzehen
1 ½ EL Orangensaft
1 EL Orangenschale
1 Prise Curry
1 Prise Salz
1 Prise Pfeffer
1 Prise Basilikum

Zubereitung

Erbsen auftauen. Kircherbsen abtropfen lassen und gut abspülen. Knoblauchzehen pressen. Frühlingszwiebeln in dünne Ringe schneiden.

Couscous, Cranberrys, Erbsen und Curry in einer Schüssel vermengen. Wasser zum Kochen bringen und über die Couscousmischung geben. Abdecken und 5 Minuten stehen lassen. Mit einer Gabel auflockern. Anschließend Frühlingszwiebeln, Basilikum und Kichererbsen dazugeben.

In einer zweiten Schüssel Zitronensaft, Orangenschale, Orangensaft, Salz, Pfeffer und Knoblauch vermengen.

Das Dressing anschließend zum Couscous geben. Vor dem Servieren mindestens eine Stunde im Kühlschrank ziehen lassen.

UNIVERSELLE ERDNUSSSAUCE

KCAL	FETT	CHOLESTERIN	BALLASTSTOFFE
460	26 g	85 Mg	3 g

Zutaten

Für 500 ml Sauce:
400 ml Gemüsebrühe
200 g Erdnussbutter
3 EL Limettensaft
3 EL Sojasauce
2 EL Honig
Ein 5 Zentimeter langes Stück Ingwer
½ TL Chilipulver

Zubereitung

Den Ingwer schälen und klein schneiden. Mit Erdnussbutter, Limettensaft, Sojasauce, Honig und Chilipulver in einen Mixer geben. Alles gut durchpürieren, bis eine glatte Masse entsteht.

Die Erdnussmischung in eine Pfanne geben. Nach und nach die Gemüsebrühe einrühren. Bei mittlerer Temperatur 5 Minuten lang erwärmen, bis eine cremeartige Sauce entsteht.

GEFÜLLTE CHAMPIGNONS

KCAL	FETT	CHOLESTERIN	BALLASTSTOFFE
42	1 g	3 Mg	0 g

Zutaten

Für 28 Portionen:
28 große Champignons
100 g Semmelmehl
100 g geriebener Parmesan
2 Knoblauchzehen
4 EL Olivenöl
2 EL Petersilie
1 EL Minze
1 Prise Salz
1 Prise Pfeffer

Zubereitung

Den Ofen auf 200 °C vorheizen. Backpapier auf ein Backblech legen und mit 1 EL Olivenöl bestreichen. Stiele der Champignons entfernen.

Semmelmehl, Parmesan, Knoblauch, Petersilie, Minze und 2 EL Olivenöl in einer Schüssel vermengen. Mit Salz und Pfeffer würzen.

Semmelmehlmischung in die Pilzköpfe stopfen. Pilze mit der Füllung nach oben auf das Backblech geben. Vorgang mit allen Pilzen wiederholen. 1 EL Olivenöl auf die Pilze träufeln. Pilze 25 Minuten lang backen, bis sie weich sind und die Füllung goldbraun ist. Warm genießen!

FENCHELSALAT

KCAL	FETT	CHOLESTERIN	BALLASTSTOFFE
195	17 g	0 Mg	6 g

Zutaten

Für 2 Portionen:
1 kleine Knolle Fenchel
1 Orange
1 Avocado
3 EL Olivenöl
1 EL Balsamicoessig
1 Prise Salz
1 Prise Pfeffer

Zubereitung

Das Grün vom Fenchel entfernen. Fenchel erst längs halbieren und dann in dünne Scheiben schneiden. Orange schälen und klein schneiden. Avocado schälen, entkernen und klein schneiden.

Orange, Fenchel und Avocado in eine große Schüssel geben und vorsichtig durchmengen.

Olivenöl und Balsamicoessig in einer kleinen Schüssel vermengen und anschließend über den Salat geben. Salat erneut vorsichtig durchmengen, dabei darauf achten, dass die Avocadostücke nicht zu sehr auseinander fallen. Mit Salz und Pfeffer abschmecken.

KICHERERBSEN-PATTYS

KCAL	FETT	CHOLESTERIN	BALLASTSTOFFE
154	8 g	0 Mg	3 g

Zutaten

Für 6 Portionen:
- 1 Dose Kichererbsen
- 1 rote Kartoffel
- 2 Eiweiß
- 2 EL Olivenöl
- 1 EL Petersilie
- 1 TL Knoblauchpulver
- ½ TL Zitronenabrieb
- 1 Prise Salz
- 1 Prise Paprikapulver
- 1 Prise Pfeffer

Zubereitung

Kartoffel halbieren und in einen Topf geben. Mit Wasser bedecken und 20 Minuten kochen, bis sie weich ist. Kartoffel klein schneiden und in eine Schüssel geben. 1 EL Olivenöl und Knoblauch hinzugeben und mit einem Kartoffelstampfer etwas zerkleinern, es sollte aber eine stückige Konsistenz beibehalten werden.

3 EL Kircherbsen beiseite in eine kleine Schüssel geben. Den Rest zur Kartoffelmischung geben und weiter zerstampfen, bis eine glatte Masse entsteht. Restliche Kichererbsen, Petersilie, Salz, Zitronenabrieb, Eiweiß Paprikapulver, Salz und Pfeffer unterheben.

Masse in 6 gleichmäßige Pattys formen. Mit Olivenöl in einer Pfanne für 7 Minuten braten, nach Hälfte der Zeit umdrehen.

KARTOFFELSALAT

KCAL	FETT	CHOLESTERIN	BALLASTSTOFFE
77	1 g	2 Mg	2 g

Zutaten

Für 8 Portionen:
- 500 g Kartoffeln
- 2 Stangen Sellerie
- 1 Zwiebel
- 50 g fettarme Mayonnaise
- 1 große Karotte
- 2 EL Dill
- 2 EL Rotweinessig
- 1 EL Dijon-Senf
- 1 TL Pfeffer

Zubereitung

Kartoffeln in einem Topf Wasser kochen, bis sie weich sind. In Scheiben schneiden.

Mit den restlichen Zutaten in eine große Schüssel geben und gut durchmengen. Vor dem Servieren mindestens 30 Minuten kalt stellen.

SALAT MIT SCHARFER HÜHNCHENBRUST

KCAL	FETT	CHOLESTERIN	BALLASTSTOFFE
384	21 g	45 Mg	8 g

Zutaten

Für 6 Portionen:
750 g Hühnchenbrust
2 Chilischoten
6 Knoblauchzehen
2 kleine Dosen Mais
1 Dose Bohnen
1 Eisbergsalat
100 ml Pflanzenöl
3 EL Rotweinessig
2 EL Balsamicoessig
2 TL Kümmel
1 TL Koriander
50 ml Limettensaft
1 Prise Salz
1 Prise Pfeffer

Zubereitung

Chilis in einem kleinen Topf mit Wasser bedecken und zum Kochen bringen. Anschließend Topf abdecken und von der Herdplatte nehmen. 1 Stunde ruhen lassen. 1 Tasse Flüssigkeit an die Seite stellen. In einem Mixer die Chilis mit Knoblauch, Kümmel und der Tasse Flüssigkeit pürieren. Hähnchenbrust in eine Auflaufform geben und von beiden Seiten mit der Marinade bedecken. Abgedeckt mindestens 3 Stunden im Kühlschrank ruhen lassen.

In einer Schüssel Olivenöl, Rotweinessig, Balsamicoessig, Koriander und Limettensaft vermengen und mit Salz und Pfeffer abschmecken. Bohnen und Mais abseihen, zu dem Dressing geben und gut vermengen. Hähnchen von beiden Seiten jeweils 10 Minuten grillen, bis alles gut durchgebraten ist. In Streifen schneiden und mit Salz und Pfeffer abschmecken.

Salat in Streifen schneiden. Darauf die Mais-Bohnen-Mischung und abschließend das Hühnchen geben. Alles gut vermengen.

FRUCHTIGE SALSA

KCAL	FETT	CHOLESTERIN	BALLASTSTOFFE
16	1 g	0 Mg	1 g

Zutaten

Für 600 ml Salsa:
1 reife Mango
2 rote Paprika
½ Zwiebel
2 EL Limettensaft
1 EL Koriander
1 Prise Salz
Nach Belieben bis zu 1 Jalapeño

Zubereitung

Mango, Zwiebel und Paprika in kleine Würfel schneiden. Jalapeño entkernen und klein schneiden.

Mango, Paprika, Zwiebel, Jalapeño, Koriander und Limettensaft in eine Schüssel geben und vorsichtig umrühren. Mit Salz und Pfeffer abschmecken. Sofort genießen!

KNACKIGER CHICORÉE-SALAT

KCAL	FETT	CHOLESTERIN	BALLASTSTOFFE
160	12 g	0 Mg	4 g

Zutaten

Für 2 Portionen:
1 Kopf Chicorée
100 g Wallnusshälften
1 rote Grapefruit
750 g Babyspinat
1 kleine Zwiebel
3 EL Olivenöl
1 EL Rotweinessig
½ TL Senf
1 Prise Salz
1 Prise Pfeffer

Zubereitung

Chicorée und Spinat entstielen und waschen. Grapefruit schälen. Zwiebel klein schneiden.

Die Walnüsse in einer kleinen Pfanne ohne Öl bei mittlerer Temperatur 3 Minuten anrösten, bis sie leicht anbräunen.

Den Chicorée klein schneiden und in eine große Schüssel geben. Grapefruit klein schneiden und mit dem Spinat und den Wallnüssen zum Chicorée geben.

In einer kleinen Schüssel Olivenöl, Essig, die Zwiebel und den Senf vermengen. Anschließend das Dressing über den Salat geben. Alles gut vermengen und mit Salz und Pfeffer abschmecken.

CRANBERRY-SAUCE

KCAL	FETT	CHOLESTERIN	BALLASTSTOFFE
13	0 g	0 Mg	0 g

Zutaten

Für 400 ml Sauce:
200 g Cranberrys
200 ml Apfelsaft
1 Zimtstange
1 Zwiebel
2 EL Honig
1 EL Distelöl
1 Prise Salz
1 Prise Pfeffer

Zubereitung

Cranberrys, Apfelsaft und Zimt in einen Topf geben und bei mittlerer Hitze zum Kochen bringen.

Anschließend die Temperatur reduzieren und 5 Minuten köcheln lassen, bis die Cranberrys weich werden.

Zwiebel schälen und in kleine Würfel schneiden. In einem zweiten Topf das Öl bei mittlerer Temperatur erhitzen. Zwiebeln und Honig hinzufügen unter gelegentlichem Rühren 12 Minuten anbraten, bis die Zwiebeln goldbraun sind. Mit Salz und Pfeffer abschmecken.

Zwiebeln zu der Cranberry-Mischung geben und gut durchrühren. Nach Bedarf mit Salz, Pfeffer und Honig abschmecken

OLIVEN-BRUSCHETTA

KCAL	FETT	CHOLESTERIN	BALLASTSTOFFE
200	12 g	2 Mg	3 g

Zutaten

Für 12 Portionen:
12 Scheiben Vollkornbaguette
20 Oliven
50 g Petersilie
50 g Walnusshälften
6 EL Olivenöl
3 EL Zitronensaft
1 Eiweiß
2 EL Senf
1 EL Oregano
1 Prise Chilipulver

Zubereitung

Ofen auf 190 °C vorheizen. Ein Backblech mit Backpapier auslegen.

In einer kleinen Schüssel 2 EL Olivenöl und 1 EL Zitronensaft verrühren. Die Mischung auf beide Seiten der Brotscheiben pinseln. 10 Minuten in den Ofen geben, anschließend Scheiben umdrehen und weitere 10 bis 15 Minuten backen, bis das Brot getoastet ist. Nach dem Backen auf einem Rost auskühlen lassen

In einem Mixer 4 EL Olivenöl, 2 EL Zitronensaft, das Eiweiß und den Senf pürieren, bis eine glatte, dickflüssige Masse entsteht. Oliven klein schneiden. Mit den übrigen Zutaten in die Senfmischung einrühren. Aufstrich abgedeckt für mindestens 1 Stunde in den Kühlschrank geben.

Zum Servieren den Aufstrich auf das Brot geben.

FRUCHTIG-LEICHTER SPINATSALAT

KCAL	FETT	CHOLESTERIN	BALLASTSTOFFE
158	5 g	0 Mg	2 g

Zutaten

Für 4 Portionen:
400 g Blattspinat
200 g TK-Blaubeeren
200 g Erdbeeren
50 g Pekannüsse
1 kleine Zwiebel
2 EL Honig
2 EL Apfelessig
2 TL Balsamicoessig
2 TL Dijon-Senf
1 TL Curry
1 Prise Pfeffer

Zubereitung

Erdbeeren in Scheiben schneiden. Pekannüsse klein hacken und in einer Pfanne ohne Öl anrösten. Zwiebel klein schneiden.

Zwiebel, Spinat, Blaubeere, Erdbeeren und Pekannüsse in einer großen Salatschüssel vermengen. Balsamicoessig, Pfeffer, Honig, Apfelessig, Currypulver und Senf in ein Glas mit Deckel oder einem vergleichbaren verschließbaren Gefäß geben. Deckel auf das Gefäß geben und gut durchschütteln. Dressing auf den Salat geben.

Sofort genießen!

SUPPEN, CURRYS & EINTÖPFE

GEMÜSESUPPE MIT RINDFLEISCH

KCAL	FETT	CHOLESTERIN	BALLASTSTOFFE
273	6 g	54 Mg	7 g

Zutaten

Für 6 Portionen:
625 g Rindfleisch
5 Karotten
600 ml Rinderbrühe
200 ml Rotwein
1 Zwiebel
1 Stange Sellerie
150 g Gerstengraupen
¼ Kopf Kohl
1 Knoblauchzehe
1 Lorbeerblatt
1 EL Distelöl
1 EL Paprikapulver
1 Prise Chiliflocken
1 Prise Salz

Zubereitung

Rindfleisch in mundgerechte Würfel schneiden. Zwiebel und Karotten schälen und klein schneiden. Sellerie klein schneiden. Knoblauch pressen, Kohl in dünne Streifen schneiden. Das Rindfleisch bei mittlerer Temperatur 5 bis 10 Minuten bei gelegentlichem Rühren in einem Topf anbraten. Zwiebel und Paprikapulver hinzugeben. Bei mittlerer Hitze 5 Minuten anbraten, bis die Zwiebel leicht anbräunt. Karotten, Sellerie, Gerstengraupen, Lorbeerblatt, Chiliflocken, Salz, Rotwein und Brühe hinzugeben. Alles verrühren und zum Kochen bringen. Die Temperatur reduzieren. Suppe für 90 Minuten abgedeckt köcheln lassen. Anschließend Kohl hinzugeben und etwa 30 Minuten weiter kochen, bis das Fleisch zart ist. Vor dem Servieren Lorbeerblatt entfernen.

KAROTTEN-INGWER-SUPPE

KCAL	FETT	CHOLESTERIN	BALLASTSTOFFE
280	10 g	12 Mg	8 g

Zutaten

Für 4 Portionen:
1,5 Liter Hühnerbrühe
1 kg Möhren
50 ml fettarme Crème fraîche
1 große Kartoffel
1 Zwiebel
2 EL Olivenöl
1 Stück Ingwer von etwa 7 Zentimeter Länge
1 EL Curry
1 Prise Salz
1 Prise Pfeffer

Zubereitung

Die Zwiebel und die Kartoffel schälen und in klein schneiden. Den Ingwer schälen und klein raspeln. Die Möhren schälen und in Scheiben schneiden.

In einem großen Topf bei hoher Temperatur die Zwiebeln 5 Minuten lang bei gelegentlichem Umrühren im Öl anbraten. Anschließend Hitze reduzieren.

1 EL Ingwer beiseite stellen, den Rest mit dem Curry zu den Zwiebeln geben. 5 bis 7 Minuten anbraten, bis die Zwiebeln weich sind.

Karotten und Kartoffel hinzugeben und 15 Minuten unter gelegentlichem Rühren anbraten, bis die Kartoffeln leicht anbräunen.

Hühnerbrühe hinzugeben und bei hoher Temperatur zum Kochen bringen. Anschließend Temperatur reduzieren und ohne Deckel 30 bis 40 Minuten köcheln lassen.

Topf von der Herdplatte nehmen. Suppe mit einem Mixstab pürieren. Alternativ kann die Flüssigkeit auch nach und nach in einem Mixer püriert werden. Anschließend ein paar Minuten abkühlen lassen.

Suppe zurück in den Topf geben. Mit Salz und Pfeffer abschmecken und bei mittlerer Temperatur erhitzen.

Crème fraîche und restlichen Ingwer verrühren. Suppe mit einem Klecks Ingwercreme servieren.

EINFACHE ZWIEBELSUPPE

KCAL	FETT	CHOLESTERIN	BALLASTSTOFFE
264	15 g	16 Mg	4 g

Zutaten

Für 6 Portionen:
6 Zwiebeln
6 Knoblauchzehen
800 ml Rinderbrühe
200 ml Hühnerbrühe
50 ml Rotwein
4 EL Olivenöl
1 Prise Salz
1 Prise Pfeffer

Zubereitung

Den Ofen auf 190 °C vorheizen. Die ganzen Zwiebeln in einem Bräter für eine Stunde in den Ofen geben, bis sie weich werden. Anschließend 5 Minuten abkühlen lassen. Zwiebeln schälen und in dünne Streifen schneiden. Knoblauch in Streifen schneiden. Olivenöl in einem großen Topf erhitzen. Zwiebeln und Knoblauch hinzugeben und bei mittlerer Hitze bei gelegentlichem Rühren etwa 20 Minuten anbraten. Wein hinzugeben und etwa 3 Minuten köcheln lassen, bis die Sauce andickt. Die Brühen nach und nach hinzugeben. Suppe kurz zum Kochen bringen, dann Hitze reduzieren. Mit Salz und Pfeffer abschmecken. Etwa 15 Minuten köcheln lassen.

LINSENSUPPE

KCAL	FETT	CHOLESTERIN	BALLASTSTOFFE
209	1 g	0 Mg	14 g

Zutaten

Für 6 Portionen:
300 g Linsen
1,5 Liter Wasser
200 g Tomatenmark
750 g Spinat
5 Knoblauchzehen
1 Zwiebel
50 g Petersilie
1 EL Koriander
1 Prise Pfeffer
1 Prise Chiliflocken
1 Prise Salz

Zubereitung

Zwiebeln schälen und klein schneiden. Knoblauch pressen. Spinat klein schneiden.

Linsen und Wasser in einen großen Topf geben und abgedeckt zum Kochen bringen. Hitze reduzieren und 30 Minuten lang kochen.

Zwiebeln, Knoblauch, Tomatenmark und Koriander zu den Linsen geben. Bei mittlerer Temperatur weitere 30 Minuten kochen. Spinat, Petersilie, Pfeffer und Chiliflocken dazugeben. 10 weitere Minuten bei mittlerer Temperatur kochen, bis der Spinat zusammengefallen ist. Mit Salz abschmecken.

GEMÜSEBRÜHE FÜR KALTE TAGE

KCAL	FETT	CHOLESTERIN	BALLASTSTOFFE
24	2 g	0 Mg	0 g

Zutaten

Für 12 Portionen:
2,4 Liter Wasser
2 Zwiebeln
4 Karotten
2 Selleriestangen
2 Pastinaken
6 Knoblauchzehen
50 ml Weißwein
10 Pfefferkörner
5 Stränge Petersilie
2 Stränge Thymian

Zubereitung

Karotten schälen und in größere Stücke schneiden. Zwiebeln in größere Stücke schneiden, aber nicht schälen. Sellerie und Pastinaken in größere Stücke schneiden. Knoblauchzehen schälen.

Ofen auf 200 °C vorheizen. Backpapier auf ein Backblech geben. Zwiebeln, Karotten, Sellerie, Pastinaken und Knoblauch auf das Backblech geben. Mit etwas Öl beträufeln. 45 Minuten im Ofen grillen, zwischendurch gelegentlich das Gemüse durchmixen.

Gemüse mit Wasser in einen großen Topf geben. Petersilie, Thymian, Pfefferkörner und Weißwein dazugeben. Suppe aufkochen, anschließend Temperatur reduzieren, sodass nur ein paar Bläschen aufsteigen. 30 bis 45 Minuten köcheln lassen, bis das Gemüse weich ist. Anschließend mit einem Sieb die groben Bestandteile entfernen.

LAUCH-SELLERIE-SÜPPCHEN

KCAL	FETT	CHOLESTERIN	BALLASTSTOFFE
119	5 g	5 Mg	3 g

Zutaten

Für 4 Portionen:
1,2 Liter Hühnerbrühe
1 Stange Lauch
1 Karotte
1 Stange Sellerie
1 Zucchini
1 kleine Kartoffel
3 Stängel Petersilie
1 EL Olivenöl
1 Prise Salz
1 Prise Pfeffer
1 Prise Chiliflocken

Zubereitung

Lauch klein schneiden und gründlich waschen. Karotte und Kartoffel schälen und klein schneiden. Zucchini und Sellerie klein schneiden.

Alle Zutaten in einen großen Topf geben und zum Kochen bringen. Anschließend Hitze reduzieren und 20 Minuten köcheln lassen, bis das Gemüse weich ist.

CURRY MIT ROTEN LINSEN

KCAL	FETT	CHOLESTERIN	BALLASTSTOFFE
189	4 g	0 Mg	7 g

Zutaten

Für 4 Portionen:
200 g rote Linsen
500 ml Wasser
1 Zwiebel
1 Knoblauchzehe
1 EL Distelöl
1 Prise Kurkuma
1 Prise Ingwerpulver
1 Prise Kardamom

Zubereitung

Zwiebeln schälen und klein schneiden. Knoblauchzehe pressen. Linsen abwaschen.

In einem Topf Öl erhitzen. Zwiebeln hineingeben und bei niedriger Hitze 10 Minuten anbraten. Knoblauch hinzugeben und 5 weitere Minuten anbraten. Zur Seite stellen.

In den selben Topf Linsen, Kurkuma, Ingwer, Kardamom und Wasser geben und zum Kochen bringen. Temperatur reduzieren, Topf abdecken und 15 Minuten köcheln lassen.

Linsencurry mit gebratenen Zwiebeln toppen und servieren.

KALTE TOMATENSUPPE

KCAL	FETT	CHOLESTERIN	BALLASTSTOFFE
100	1 g	0 Mg	6 g

Zutaten

Für 4 Portionen:
600 ml passierte Tomaten
2 Knoblauchzehen
1 Gurke
1 Jalapeño
1 rote Paprika
1 Zwiebel
3 EL Orangensaft
1 Prise Salz
1 Prise Pfeffer

Zubereitung

Knoblauch und Zwiebel klein schneiden. Gurke schälen und klein schneiden. Jalapeño und Paprika entkernen und klein schneiden.

In einer großen Schüssel Tomaten, Knoblauch, Gurke, Jalapeño, Paprika und Zwiebel verrühren. Das Gemüse nach und nach in einem Mixer pürieren, alternativ kann auch ein Pürierstab verwendet werden. Sollte die Masse zu dickflüssig sein, mit etwas Wasser verdünnen.

Die Masse durch ein Sieb geben, um eventuelle restliche grobe Stücke zu entfernen. Orangensaft einrühren und mit Salz und Pfeffer abschmecken.

Vor dem Servieren mindestens 30 Minuten kalt stellen.

LOUISIANA-HÜHNCHEN-EINTOPF

KCAL	FETT	CHOLESTERIN	BALLASTSTOFFE
367	17 g	103 Mg	4 g

Zutaten

Für 8 Portionen:
1500 g Hühnchenbrust
3,5 Liter Hühnerbrühe
170 g Chorizo
1 große Dose passierte Tomaten
2 Zwiebeln
2 grüne Paprika
3 Stangen Sellerie
6 Knoblauchzehen
50 ml Distelöl
2 EL Tomatenmark
1 Prise Cayenne-Pfeffer
1 Prise Salz
1 Prise Pfeffer

Zubereitung

Zwiebel schälen und klein schneiden. Paprika entkernen und klein schneiden. Chorizo und Sellerie klein schneiden. Knoblauch pressen.

Hühnchenbrust mit Hühnerbrühe in einen großen Topf geben. Ohne Deckel bei mittlerer Temperatur für 20 Minuten erwärmen. Anschließend Hühnchen rausnehmen und möglichst klein schneiden.

In einen zweiten Topf Knoblauch, Zwiebeln, Paprika und Sellerie geben und bei mittlerer Hitze 10 Minuten unter gelegentlichem Rühren anbraten, bis die Zwiebeln glasig werden.

Chorizo, Tomaten, Tomatenmark, Hühnerbrühe und Hühnchen dazugeben. Mit Salz, Cayenne-Pfeffer und Pfeffer abschmecken. 1 Stunde köcheln lassen.

Dieser Eintopf schmeckt besonders gut mit Reis.

BAUERNSÜPPCHEN

KCAL	FETT	CHOLESTERIN	BALLASTSTOFFE
127	2 g	0 Mg	2 g

Zutaten

Für 8 Portionen:
2 Stangen Lauch
1 Liter Gemüsebrühe
1250 g Kartoffeln
100 g Rucola
1 EL Olivenöl
1 Prise Salz
1 Prise Pfeffer

Zubereitung

Lauch und Rucola in dünne Scheiben schneiden. Kartoffeln schälen und in kleine Würfel schneiden. In einem Suppentopf Olivenöl bei mittlerer Temperatur erhitzen. Lauch in den Topf geben und 5 Minuten anbraten. Gemüsebrühe und Kartoffeln dazugeben und zum Kochen bringen. Anschließend Hitze reduzieren und 25 Minuten köcheln lassen. Suppe in einem Mixer oder mit einem Pürierstab pürieren, bis eine glatte Masse entsteht. Rucola, Salz und Pfeffer einrühren und 2 Minuten köcheln lassen.

SOMMERLICHE SUPPE

KCAL	FETT	CHOLESTERIN	BALLASTSTOFFE
157	3 g	0 Mg	6 g

Zutaten

Für 5 Portionen:
400 ml Wasser
1 gelbe Paprika
1 Dose passierte Tomaten
1 Zucchini
1 Dose weiße Bohnen
1 Knoblauchzehe
4 EL Basilikum
2 EL Olivenöl
1 EL Balsamicoessig
1 Prise Chiliflocken
1 Prise Salz

Zubereitung

Paprika entkernen und klein schneiden. Zucchini klein schneiden. Bohnen abtropfen lassen und abspülen.

In einem großen Suppentopf 1 EL Olivenöl bei mittlerer Temperatur erhitzen. Die Paprika darin 4 Minuten lang unter gelegentlichem Rühren anbraten. Knoblauch hinzugeben und kurz mit anbraten.

Wasser, Tomaten, Zucchini und Chiliflocken hinzugeben. Suppe aufkochen. Anschließend Temperatur reduzieren, Topf abdecken und 20 Minuten köcheln lassen.

Bohnen, Basilikum, Essig, Salz und 1 EL Olivenöl hinzugeben. 5 weitere Minuten köcheln lassen.

Suppe von der Herdplatte nehmen und vor dem Servieren 10 Minuten abkühlen lassen.

KICHERERBSEN-CURRY

KCAL	FETT	CHOLESTERIN	BALLASTSTOFFE
274	8 g	0 Mg	8 g

Zutaten

Für 4 Portionen:
750 g passierte Tomaten
2 Dosen Kichererbsen
1 Zwiebel
1 EL Olivenöl
1 TL Zucker
1 TL Curry
1 Prise Salz
1 Prise Kurkuma
1 Prise Paprikapulver
1 Prise Garam Masala

Zubereitung

Zwiebel schälen und klein schneiden. Kichererbsen abtropfen lassen und abwaschen.

In einem Suppentopf Olivenöl bei mittlerer Hitze erwärmen. Zwiebeln dazugeben und 5 Minuten anbraten, bis sie glasig werden.

Tomaten, Zucker, Curry, Salz, Kurkuma und Paprikapulver hinzugeben. Unter gelegentlichem Umrühren 8 Minuten kochen.

Anschließend Kichererbsen und Garam Masala dazugeben. 5 weitere Minuten kochen.

VITAMINSÜPPCHEN

KCAL	FETT	CHOLESTERIN	BALLASTSTOFFE
171	6 g	0 Mg	4 g

Zutaten

Für 6 Portionen:
900 ml Gemüsebrühe
1 Dose Kokosmilch
4 Karotten
1 Apfel
1 Birne
1 Zwiebel
1 Knoblauchzehe
2 EL Olivenöl
3 EL Ingwerpulver
1 TL Salz

Zubereitung

Zwiebel, Apfel, Birne und Karotten schälen und klein schneiden. Knoblauch pressen. In einem großen Suppentopf Olivenöl bei mittlerer Temperatur erhitzen. Darin Zwiebeln und Karotten etwa 5 Minuten anbraten, bis sie weich werden.

Knoblauch, Ingwerpulver und Apfel hinzugeben und 5 weiter Minuten anbraten. Brühe und Salz hinzugeben. Temperatur reduzieren. Topf abdecken und Suppe 45 Minuten köcheln lassen.

Die Suppe in einem Mixer pürieren. Alternativ kann ein Stabmixer genutzt werden. Anschließend Kokosmilch hinzugeben. Mit Birnen garnieren.

PAPRIKA-LINSEN-CURRY

KCAL	FETT	CHOLESTERIN	BALLASTSTOFFE
130	0 g	0 Mg	7 g

Zutaten

Für 8 Portionen:
1,5 Liter Gemüsebrühe
850 g passierte Tomaten
450 g Linsen
5 Knoblauchzehen
1 rote Paprika
1 Zwiebel
4 TL Chilipulver
2 EL Olivenöl
50 g Koriander

Zubereitung

Zwiebel schälen und klein schneiden. Paprika entkernen und klein schneiden. Koriander klein hacken. In einem Suppentopf Öl bei mittlerer Temperatur erhitzen. Anschließend Zwiebeln und Paprika hinzugeben und unter häufigem Rühren 6 Minuten erhitzen. 3 EL der Brühe dazugeben und weiter braten, bis die Zwiebeln weich werden. Knoblauch und Chilipulver dazugeben und eine weitere Minute unter ständigem Rühren braten.

Linsen, Tomaten und restliche Brühe dazugeben. Curry aufkochen. Anschließend Temperatur reduzieren. Teilweise abgedeckt 30 Minuten lang köcheln lassen, bis die Linsen weich werden. Deckel abnehmen und 10 weiter Minuten köcheln lassen. Curry von der Herdplatte nehmen und Koriander einrühren.

SCHARFE TOMATEN-PAPRIKA-SUPPE

KCAL	FETT	CHOLESTERIN	BALLASTSTOFFE
72	4 g	0 Mg	2 g

Zutaten

Für 10 Portionen:
800 g passierte Tomaten
600 ml Gemüsebrühe
3 rote Paprika
1 Zwiebel
2 Knoblauchzehen
3 EL Olivenöl
1 EL Paprikapulver
2 EL Zitronensaft
1 Prise Cayenne-Pfeffer
1 Prise Salz
1 Prise Pfeffer

Zubereitung

Paprika halbieren und entkernen. Zwiebel klein schneiden. Knoblauch pressen. Ofen auf 200 °C vorheizen. Ein Backblech mit Backpapier auslegen. Die Paprika auf das Backblech geben und 10 Minuten in den Ofen geben, bis die Schalen anfangen schwarz zu werden. Paprika 15 Minuten abkühlen lassen. Anschließend Schalen entfernen.

In einem Suppentopf Olivenöl bei mittlerer Temperatur erwärmen und unter ständigem Rühren die Zwiebel anbraten. Knoblauch dazugeben und 1 weitere Minute braten.

Paprika und Tomaten dazugeben. Paprikapulver und Cayenne-Pfeffer einrühren. Temperatur reduzieren und Suppe unter gelegentlichem Rühren 3 Minuten köcheln lassen. Suppe in einem Mixer geben und pürieren. Anschließend zurück in den Topf geben. Gemüsebrühe und Zitronensaft hinzugeben. Suppe wieder erwärmen. Mit Salz und Pfeffer abschmecken.

SÜSSE DESSERTSUPPE

KCAL	FETT	CHOLESTERIN	BALLASTSTOFFE
109	1 g	0 Mg	2 g

Zutaten

Für 4 Portionen:
600 g Honigmelone
200 g Crushed Ice
150 ml Ananassaft
100 ml Orangensaft
4 Minzblätter
1 EL Zitronensaft
1 Prise Salz

Zubereitung

Eis, Melone, Minze, Ananassaft und Orangensaft durchmixen, bis eine glatte Masse entsteht.

In eine große Schüssel geben, Limettensaft und Salz dazugeben und durchrühren.

Schüssel abdecken und vor dem Servieren 2 bis 3 Stunden in den Kühlschrank stellen.

KALTES AVOCADOSÜPPCHEN

KCAL	FETT	CHOLESTERIN	BALLASTSTOFFE
257	15 g	4 Mg	9 g

Zutaten

Für 4 Portionen:
500 ml Gemüsebrühe
200 g fettarmer Joghurt
2 reife Avocados
100 g weiße Bohnen aus der Dose
1 Zwiebel
1 Knoblauchzehe
2 EL Limettensaft
Ein paar Spritzer Tabasco-Sauce
1 Prise Pfeffer

Zubereitung

Knoblauch pressen. Zwiebel schälen und klein schneiden. Avocado schälen, entkernen und klein schneiden.

Alle Zutaten in einen Mixer geben und gut durchpürieren, bis eine glatte Masse entsteht.

Suppe in eine Schüssel geben und mit Plastikfolie so abdecken, dass die Folie die Oberfläche der Suppe berührt. Vor dem Servieren mindestens 2 Stunden im Kühlschrank ziehen lassen.

GEMÜSESUPPE FÜR KALTE TAGE

KCAL	FETT	CHOLESTERIN	BALLASTSTOFFE
118	1 g	5 Mg	3 g

Zutaten

Für 4 Portionen:
400 ml fettarme Milch
200 ml Hühnerbrühe
50 g fettarmer geriebener Käse
2 EL Maisstärke
½ Kopf Brokkoli
½ Zwiebel
¼ Stange Sellerie
1 Prise Pfeffer
1 Prise Salz
1 Prise Thymian

Zubereitung

Brokkoli, Sellerie und Zwiebel klein schneiden. Gemüse und Brühe in einen Suppentopf geben und zum Kochen bringen. Anschließend Temperatur reduzieren und 8 Minuten köcheln, bis das Gemüse weich ist.

Pfeffer, Milch, Salz, Maisstärke und Thymian vermengen und zum Gemüse geben.

Unter ständigem Rühren etwa 5 Minuten kochen, bis die Suppe angedickt ist und sie gerade beginnt zu kochen. Topf von der Herdplatte nehmen. Käse einrühren, bis er komplett geschmolzen ist.

ROTE BLUMENKOHLCREMESUPPE

KCAL	FETT	CHOLESTERIN	BALLASTSTOFFE
191	14 g	0 Mg	5 g

Zutaten

Für 6 Portionen:
1 Kopf Blumenkohl
1,2 Liter Hühnerbrühe
6 Paprika
4 Schalotten
1 EL Olivenöl
1 TL Zucker
1 Prise Salz
1 Prise Cayenne-Pfeffer
1 Prise Pfeffer

Zubereitung

Paprika halbieren und entkernen. Schalotten schälen und klein schneiden. Blumenkohl in Röschen schneiden.. Ofen auf 200 °C vorheizen. Ein Backblech mit Backpapier auslegen. Die Paprika auf das Backblech geben und 10 Minuten in den Ofen geben, bis die Schalen anfangen schwarz zu werden. Paprika 15 Minuten abkühlen lassen. Anschließend Schalen entfernen. In einem Suppentopf Olivenöl bei mittlerer Hitze erwärmen. Schalotten, Salz und Cayenne-Pfeffer dazugeben und 3 Minuten anbraten.

Brühe und Blumenkohl dazugeben. Suppe bei hoher Temperatur zum Kochen bringen. Anschließend Temperatur reduzieren und abgedeckt 20 Minuten köcheln lassen. Paprika dazugeben. Suppe weitere 10 Minuten abgedeckt köcheln lassen. Mit einem Mixer oder Stabmixer die Suppe pürieren. Zucker einrühren. Mit Pfeffer abschmecken.

FRÜHLINGSSUPPE MIT BOHNEN

KCAL	FETT	CHOLESTERIN	BALLASTSTOFFE
157	3 g	0 Mg	6 g

Zutaten

Für 5 Portionen:
400 g passierte Tomaten
400 ml Wasser
1 gelbe Paprika
1 Zucchini
1 Dose weiße Bohnen
1 Knoblauchzehe
4 EL Basilikum
2 EL Olivenöl
1 EL Balsamicoessig
1 Prise Salz
1 Prise Chiliflocken

Zubereitung

Paprika entkernen und klein schneiden. Knoblauch pressen. Zucchini klein schneiden. Bohnen abseihen und reinigen. 1 TL Olivenöl in einem Suppentopf bei mittlerer Temperatur erhitzen. Paprika darin 4 Minuten unter gelegentlichem Rühren anbraten. Knoblauch hinzugeben und weitere 30 Sekunden braten. Wasser, Tomaten, Zucchini und Chiliflocken hinzugeben und Suppe zum Kochen bringen. Anschließend Temperatur reduzieren, abdecken und 20 Minuten köcheln lassen. Bohnen, Basilikum, Essig, Salz und 1 TL Öl hinzugeben und 5 weitere Minuten köcheln lassen. Von der Herdplatte nehmen und vor dem Servieren 10 Minuten abkühlen lassen.

SPARGELSUPPE

KCAL	FETT	CHOLESTERIN	BALLASTSTOFFE
202	6 g	3 Mg	5 g

Zutaten

Für 4 Portionen:
800 ml Hühnerbrühe
500 g Spargel
200 ml Sahne
2 Kartoffeln
3 Frühlingszwiebeln
1 Knoblauchzehe
1 EL Olivenöl
1 EL Zitronensaft
1 EL Thymian
1 TL Zitronenabrieb
1 Prise Pfeffer

Zubereitung

Frühlingszwiebeln in dünne Ringe schneiden. Kartoffeln schälen und klein schneiden. Knoblauch pressen. Olivenöl bei mittlerer Temperatur in einem Suppentopf erhitzen. Frühlingszwiebeln und Knoblauch hinzugeben und 3 Minuten anbraten. Kartoffeln hinzugeben und weitere 5 Minuten braten. Spargelenden abschneiden. Spargel in kleine Stücke schneiden und mit der Brühe in den Topf geben. Zum Kochen bringen, anschließend Hitze reduzieren und 10 Minuten köcheln lassen.

Suppe mit einem Stabmixer pürieren. Anschließend Zitronenabrieb, Thymian, Pfeffer und Sahne hinzugeben.

SUPPE MIT ARTISCHOCKEN UND LINSEN

KCAL	FETT	CHOLESTERIN	BALLASTSTOFFE
293	10 g	5 Mg	13 g

Zutaten

Für 6 Portionen:
200 g Linsen
1 Glas Artischockenherzen
600 ml Hühnerbrühe
600 ml Wasser
200 ml fettarme Sahne
2 Zwiebeln
4 Knoblauchzehen
3 EL Olivenöl
3 EL geriebener Parmesan
2 EL Zitronensaft
2 EL Maisstärke
1 Prise Pfeffer
50 g Petersilie
1 TL Zitronenabrieb

Zubereitung

Zwiebeln schälen und klein schneiden. Knoblauch pressen. Linsen abspülen. Artischocken abseihen.

Olivenöl bei mittlerer Temperatur in einem Suppentopf erhitzen. Zwiebeln und Knoblauch hinzugeben und etwa 4 Minuten anbraten. Linsen, Hühnerbrühe, Sahne und Wasser hinzugeben. Suppe zum Kochen bringen. Anschließend Hitze reduzieren, Topf abdecken und Suppe 1 Stunde köcheln lassen.

In einer kleinen Schüssel Zitronensaft mit Maisstärke vermischen. Mit einem Schneebesen in die Suppe rühren. Artischocken klein schneiden und mit dem Pfeffer zur Suppe geben. Petersilie klein hacken und mit dem Parmesan vermengen. Suppe in Schüsseln geben und mit der Parmesanmischung toppen.

BLUMENKOHLSÜPPCHEN

KCAL	FETT	CHOLESTERIN	BALLASTSTOFFE
223	23 g	3 Mg	6 g

Zutaten

Für 4 Portionen:
600 ml Hühnerbrühe
200 ml fettarme Milch
1 Kopf Blumenkohl
3 große Karotten
1 Zwiebel
4 Knoblauchzehen
3 EL Olivenöl
1 EL Thymian
1 Prise Salz
1 Prise Pfeffer

Zubereitung

Den Ofen auf 200 °C vorheizen. Zwiebel schälen und klein schneiden. Knoblauch pressen. Blätter vom Blumenkohl entfernen. Blumenkohl waschen und in Röschen schneiden. Die Karotten schälen und ich größere Stücke schneiden.

Ein Backblech mit Backpapier auslegen. Blumenkohl, Zwiebeln, Karotten und Zwiebeln mit dem Olivenöl darauf verteilen, mit Salz bestreuen.

45 bis 55 Minuten in den Ofen geben, bis der Blumenkohl goldbraun ist. Zwischendurch zwei Mal gut durchmengen. Anschließend Gemüse in einen großen Suppentopf geben. Hühnerbrühe und Thymian dazugeben.

Suppe bei mittlerer Temperatur zum Köcheln bringen. 10 Minuten köcheln lassen. Von der Herdplatte nehmen. Suppe mit einem Stabmixer pürieren, bis eine glatte Masse entsteht. Milch und Pfeffer hinzugeben und mit einem Schneebesen verrühren. Erneut erwärmen, bis die Suppe zu Dampfen beginnt.

PASTINAKENSUPPE MIT LINSEN

KCAL	FETT	CHOLESTERIN	BALLASTSTOFFE
272	8 g	0 Mg	15 g

Zutaten

Für 4 Portionen:
300 g rote Linsen
400 ml Wasser
400 ml Gemüsebrühe
3 Karotten
2 Pastinaken
1 große Zwiebel
4 Knoblauchzehen
2 Zweige Thymian
2 EL Olivenöl
2 EL Ingwerpulver

Zubereitung

Zwiebeln schälen und klein schneiden. Knoblauch pressen. Pastinaken und Karotten schälen und klein schneiden. Olivenöl in einem Suppentopf bei mittlerer Temperatur erhitzen. Knoblauch und Zwiebeln hinzugeben. 4 Minuten anbraten. Ingwer, Pastinaken und Karotten hinzugeben und alles 2 weitere Minuten anbraten. Gemüsebrühe, Wasser und Thymian hinzugeben und Suppe aufkochen. Temperatur reduzieren, Topf abdecken und 10 Minuten köcheln lassen.

In der Zwischenzeit Linsen gründlich abspülen. Linsen in den Topf geben und 15 bis 25 weitere Minuten köcheln lassen, bis die Linsen und das Gemüse weich werden. Thymian entfernen. Suppe nach Belieben entweder so servieren oder mit einem Stabmixer pürieren.

TOMATENSUPPE MIT RINDFLEISCH AUS DEM SCHONGARER

KCAL	FETT	CHOLESTERIN	BALLASTSTOFFE
373	4 g	49 Mg	8 g

Zutaten

Für 8 Portionen:
800 ml Rinderbrühe
400 g TK-Suppengemüse
(alternativ: Gemüsemix)
400 ml passierte Tomaten
½ Weißkohl
750 g Rinderfilet
4 Kartoffeln
1 Zwiebel
½ Stange Sellerie

Zubereitung

Suppengemüse auftauen. Kohl grob klein schneiden. Kartoffeln würfeln.

Fleisch mit etwas Öl in einer Pfanne anbraten. Mit Zwiebeln, Sellerie und Kartoffeln in einen Schongarer geben. Bei niedriger Temperatur 8 bis 10 Stunden kochen.

Kohl, Gemüse und Tomaten hinzugeben und bei hoher Temperatur 30 Minuten bis 1 Stunde kochen, bis das Gemüse durch ist.

SCHWEDISCHE DESSERTSUPPE

KCAL	FETT	CHOLESTERIN	BALLASTSTOFFE
241	2 g	6 Mg	4 g

Zutaten

Für 6 Portionen:
- 4 Pfirsiche
- 300 g Erdbeeren
- 2 Birnen
- 800 ml Apfel-Cider oder Apfelwein
- 200 ml Cranberry-Saft
- 100 ml Orangensaft
- 50 ml Zitronensaft
- 30 g Zucker
- 6 EL fettarme Crème fraîche
- 2 Zimtstangen
- 1 Prise Salz
- 1 Prise Kardamom
- 1 Handvoll Minzblätter

Zubereitung

Birnen und Pfirsiche schälen und klein schneiden. Erdbeeren klein schneiden. In einer großen Schüssel Cider, Cranberry-Saft, Orangensaft, Zitronensaft, Zucker und Salz vermischen.

Die Hälfte der Birnen, Erdbeeren und Pfirsiche in einen Mixer geben. 200 ml der Cider-Mischung dazugeben und gut durchpürieren, bis eine glatte Masse entsteht. Püree zu der restlichen Cider-Mischung geben. Restliche Zutaten bis auf die Minze hinzugeben. Abdecken und mindestens 8 Stunden im Kühlschrank ziehen lassen.

Zimtstangen entfernen und Suppe durchrühren. In Schüsseln servieren und mit Minze und Crème fraîche garnieren.

TOMATEN-APFEL-SUPPE

KCAL	FETT	CHOLESTERIN	BALLASTSTOFFE
205	5 g	1 Mg	3 g

Zutaten

Für 8 Portionen:
- 800 ml Hühnerbrühe
- 600 ml passierte Tomaten
- 200 g Langkornreis
- 200 ml fettarme Milch
- 1 Stange Sellerie
- 3 Zwiebeln
- 2 Äpfel
- 2 EL Olivenöl
- 1 TL Knoblauchpulver
- 1 TL Currypulver
- 1 Prise Thymian
- 1 Prise Pfeffer
- 1 Lorbeerblatt

Zubereitung

Sellerie, Zwiebeln und Äpfel klein schneiden. Öl in einem Suppentopf bei mittlerer Temperatur erhitzen. Sellerie, Zwiebeln und Knoblauchpulver hineingeben und 4 Minuten anbraten, bis das Gemüse weich ist.

Lorbeerblatt, Tomaten, Pfeffer, Thymian und Reis in einer großen Schüssel vermengen. Mit der Brühe in den Topf geben und zum Kochen bringen. Anschließend Temperatur reduzieren und etwa 30 Minuten köcheln lassen. Wenn der Reis durch ist, Lorbeerblatt entfernen. Suppe nach und nach in einem Mixer zu einer glatten Masse pürieren. Zurück in den Topf geben. Äpfel und Milch einrühren und erneut erwärmen.

BAUERNSUPPE

KCAL	FETT	CHOLESTERIN	BALLASTSTOFFE
367	11 g	14 Mg	5 g

Zutaten

Für 6 Portionen:
600 ml Hühnerbrühe
200 ml Wasser
200 ml fettarme Milch
200 ml fettarme Sahne
6 Kartoffeln
2 Stangen Lauch
2 Zwiebeln
3 EL Olivenöl
2 EL Mehl
1 Prise Cayenne-Pfeffer
1 Prise Muskatnuss
1 Prise Petersilie
1 Handvoll Schnittlauch

Zubereitung

Lauch in Scheiben schneiden. Zwiebeln und Kartoffeln schälen und klein schneiden. Olivenöl in einem Suppentopf bei mittlerer Temperatur erhitzen. Lauch und Zwiebeln hinzugeben und 5 Minuten lang anbraten. Mehl dazugeben und 3 weitere Minuten durchrühren, bis Blasen entstehen. Brühe, Wasser und Kartoffeln hinzugeben. Suppe zum Kochen bringen, anschließend Temperatur reduzieren, Topf abdecken und Suppe 15 bis 20 Minuten köcheln lassen, bis die Kartoffeln weich sind. Cayenne-Pfeffer, Milch, Sahne und Muskatnuss einrühren und erneut erhitzen. Kurz vor dem Servieren Petersilie und geschnittenen Schnittlauch hineingeben

KAROTTENSUPPE

KCAL	FETT	CHOLESTERIN	BALLASTSTOFFE
124	8 g	3 Mg	3 g

Zutaten

Für 6 Portionen:
800 ml fettarme Milch
400 ml Wasser
10 Karotten
3 EL Mehl
2 EL Zucker
2 Zweige Petersilie
1 Prise Pfeffer
1 Prise Muskatnuss

Zubereitung

Karotten schälen und in Scheiben schneiden. Petersilie hacken. Karotten, Zucker und Wasser in eine große Pfanne geben und erhitzen. Abdecken und 20 Minuten kochen, bis die Karotten weich sind. An die Seite stellen.

Mehl, Muskatnuss, Pfeffer und Milch in einer zweiten Pfanne bei mittlerer Temperatur verrühren. Unter häufigem Rühren kochen, bis die Sauce andickt. Weiße Sauce und Karotten in einen Mixer geben und zu einer glatten Masse pürieren. Falls die Suppe noch zu dickflüssig ist, etwas von dem Kochwasser der Möhren hinzugeben.

Suppe in Suppenschüsseln füllen und mit etwas Petersilie garnieren.

ITALIENISCHE NUDELSUPPE

KCAL	FETT	CHOLESTERIN	BALLASTSTOFFE
200	4 g	0 Mg	7 g

Zutaten

Für 4 Portionen:
800 ml Hühnerbrühe
1 Dose Kidneybohnen
100 g Muschelnudeln
2 große Tomaten
1 Zwiebel
1 Karotte
50 g frischer Spinat
1 kleine Zucchini
1 Knoblauchzehe
1/3 Stange Sellerie
2 EL Basilikum
1 EL Olivenöl

Zubereitung

Zwiebel, Sellerie, Karotte, Tomaten, Zucchini und Basilikum klein schneiden. Knoblauch pressen. Kidneybohnen abseihen.

Olivenöl in einer großen Pfanne bei mittlerer Temperatur erhitzen. Sellerie, Zwiebeln und Karotte hinzugeben. 5 Minuten anbraten, bis das Gemüse weich wird. Knoblauch hinzugeben und 1 weitere Minute braten.

Bohnen, Tomaten, Brühe, Spinat und Pasta hinzugeben. Bei hoher Temperatur zum Kochen bringen. Temperatur reduzieren und 10 Minuten köcheln lassen. Zucchini dazugeben und abgedeckt 5 Minuten kochen lassen. Basilikum dazugeben. Sofort genießen!

EXOTISCHE ERDNUSSEINTOPF

KCAL	FETT	CHOLESTERIN	BALLASTSTOFFE
173	5 g	0 Mg	7 g

Zutaten

Für 6 Portionen:
400 ml Tomatensaft
100 ml Wasser
50 g Erdnussbutter
8 Zwiebeln
2 Tomaten
1 Aubergine
1 Zucchini
1 Paprika
2 Süßkartoffeln
3 EL Ingwerpulver
2 EL Pflanzenöl
2 TL Koriander
1 Prise Cayenne-Pfeffer
1 Prise Knoblauchpulver

Zubereitung

Süßkartoffeln in Würfel schneiden. Tomaten, Aubergine, Zucchini, Zwiebel und Paprika klein schneiden. Süßkartoffel in einen Topf mit heißem Wasser geben und kochen, bis sie weich sind.

In einer großen Pfanne Öl bei mittlerer Temperatur erhitzen. Knoblauch, Ingwer, Koriander und Cayenne-Pfeffer 1 Minute anbraten. Tomaten, Aubergine und Wasser hinzufügen und 10 Minuten köcheln lassen.

Zucchini und Paprika hinzufügen und 20 Minuten köcheln lassen, bis das Gemüse weich ist. Süßkartoffeln, Tomatensaft und Erdnussbutter in den Eintopf einrühren. Bei niedriger Temperatur 5 Minuten köcheln lassen.

BROT & BEILAGEN

HONIG-VOLLKORNBROT

KCAL	FETT	CHOLESTERIN	BALLASTSTOFFE
131	3 g	10 Mg	2 g

Zutaten

Für 2 Brote:
500 g Mehl
250 g Vollkornmehl
200 ml Milch
200 ml Wasser
2 Packungen Trockenhefe
80 g Honig
50 g Sesamkörner
3 EL Butter
1 Ei
1 Eiweiß
1 Prise Salz

Zubereitung

Milch, Wasser, Honig und Butter in einer Pfanne bei mittlerer Hitze erwärmen, bis die Mutter schmilzt. Von der Herdplatte nehmen und 30 Minuten abkühlen lassen. Ei hineinrühren. In einer großen Schüssel Vollkornmehl, Hefe und Sesamkörner vermengen. Milchmischung hinzugeben und 1 Minuten durchrühren. Nach und nach Mehl hineinrühren, bis ein fester Teig entsteht. Teig auf einer bemehlten Fläche durchkneten, bis er elastisch ist. Eine Schüssel mit etwas Öl einfetten und Teig hineingeben. Etwa 1 Stunde gehen lassen. Zwei Kastenformen einfetten. Teig durchkneten, teilen und in Rollen formen. In Kastenformen geben und mit Eiweiß einstreichen. Mit Handtuch abdecken und etwa 30 Minuten gehen lassen. Ofen auf 180 °C vorheizen. Brote 30 bis 45 Minuten in den Ofen geben, bis sie goldbraun sind.

BROT MIT SONNENBLUMENKERNEN

KCAL	FETT	CHOLESTERIN	BALLASTSTOFFE
200	7 g	13 Mg	3 g

Zutaten

Für 1 Brot:
375 g Mehl
170 ml fettarme Milch
125 g Roggenmehl
125 g Sonnenblumenkerne
75 g Vollkornmehl
100 ml warmes Wasser
70 g Honig
1 Packung Trockenhefe
1 Prise Salz
2 EL Pflanzenöl
1 Ei

Zubereitung

Wasser und Hefe vermischen und etwa 5 Minuten stehen lassen, bis Blasen entstehen. Milch, Honig, Salz und Pflanzenöl in einer mikrowellenfesten Schüssel vermischen und 30 Sekunden lang in die Mikrowelle geben. Ei schlagen und mit der Hefemischung zur Milchmischung geben und 1 Minute durchrühren. Vollkornmehl und 125 g Mehl hinzugeben und 1 weitere Minute durchrühren.

Nach und nach Mehl hineinrühren, bis ein fester Teig entsteht. Teig auf einer bemehlten Fläche durchkneten, bis er elastisch ist. Eine Schüssel mit etwas Öl einfetten und Teig hineingeben. Etwa 1 Stunde gehen lassen. Ein Backblech mit Backpapier auslegen. Teig in rundes ein Brot formen und auf das Backblech geben. Mit einem Tuch abdecken und 30 Minuten gehen lassen. Ofen auf 180 °C vorheizen. Brot 35 bis 45 Minuten in den Ofen geben, bis es goldbraun ist.

BROTSTANGEN

KCAL	FETT	CHOLESTERIN	BALLASTSTOFFE
166	4 g	0 Mg	3 g

Zutaten

Für 18 Brotstangen:
1 fertiger Pizzateig
50 g Sesamkörner
3 EL Mohn
1 Eiweiß
1 EL Wasser
1 Prise Salz

Zubereitung

Backpapier auf ein Backblech legen. Auf einen Teller Eiweiß und Wasser schaumig schlagen. Auf einem anderen Teller Sesamkörner, Mohn und Salz vermengen. Teig in Hälften teilen und dann in jeweils 9 Streifen schneiden. Die Enden zwirbeln. Stangen zuerst im Eiweiß und dann in der Kernmischung wälzen. Anschließend auf das Backblech legen. Pizzastangen 30 Minuten gehen lassen. Ofen auf 190 °C vorheizen. Brotstangen 12 bis 17 Minuten in den Ofen geben, bis sie goldbraun und knusprig sind. Vor dem Servieren abkühlen lassen.

LEICHTE BRÖTCHEN

KCAL	FETT	CHOLESTERIN	BALLASTSTOFFE
111	2 g	14 Mg	2 g

Zutaten

Für 24 Brötchen:
250 g Vollkornmehl
250 g Mehl
200 g fettarmer Hüttenkäse
120 ml Buttermilch
50 g fettarme Crème fraîche
2 Packungen Trockenhefe
3 EL Butter
3 EL Honig
1 Ei
1 Eiweiß
1 TL Fenchelsamen
1 Prise Salz

Zubereitung

Hüttenkäse, Crème fraîche, Butter, Buttermilch, Honig und Fenchelsamen in einer Pfanne vermengen und bei mittlerer Temperatur erwärmen. Unter ständigem Rühren erwärmen, bis die Mischung warm ist. Von der Herdplatte nehmen und 20 Minuten abkühlen lassen. Vollkornmehl, 70 g Mehl, Hefe und Salz in einer großen Schüssel vermengen. Buttermilch Mischung mit dem Ei und den Eiweiß hinzugeben. 2 Minuten durchrühren. Nach und nach mehr Mehl hinzufügen, bis ein steifer Teig entsteht. Mit einem Handtuch abdecken und etwa 1 Stunde gehen lassen. Ein Muffinblech einfetten. Teig zu zwei Dritteln in die Formen füllen. Abdecken und weitere 30 Minuten gehen lassen. Ofen auf 180 °C heizen. Brötchen 20 bis 30 Minuten backen, bis sie goldbraun sind.

VOLLKORNBRÖTCHEN

KCAL	FETT	CHOLESTERIN	BALLASTSTOFFE
166	4 g	14 Mg	3 g

Zutaten

Für 24 Brötchen:
300 g Vollkornmehl
300 g Mehl
200 g Roggenmehl
400 ml Milch
2 Packungen Trockenhefe
50 ml Honig
3 EL Pflanzenöl
1 Ei
2 Eiweiß

Zubereitung

Milch in einer großen Pfanne bei mittlerer Temperatur erwärmen. 100 ml Milch in einer Schüssel mit der Hefe vermengen. 10 Minuten ziehen lassen. Restliche Milch, Honig, Salz, Öl, Eier und Eiweiß gut verrühren. Vollkorn- und Roggenmehl hinzugeben und gut verrühren. Mehl hinzugeben, bis ein weicher Teig entsteht. Teig auf einer gemehlten Fläche 5-7 Minuten durchkneten. Teig in eine gefettete Schüssel geben, abdecken und 1 Stunde gehen lassen. Auf eine gemehlte Fläche geben und in 24 Stücke teilen. Daraus Bälle formen und diese auf ein mit Backpapier ausgelegtes Backblech legen. 30 bis 40 Minuten gehen lassen. Ofen auf 200 °C heizen, Brötchen 15 bis 25 Minuten backen.

SELBSTGEMACHTES VOLLKORNBROT

KCAL	FETT	CHOLESTERIN	BALLASTSTOFFE
137	3 g	9 Mg	2 g

Zutaten

Für 2 Brote:
200 ml warmes Wasser
200 ml fettarme Milch
750 g Mehl
190 g Vollkornmehl
125 g Haferflocken
75 g Roggenmehl
30 g Leinsamen
2 Packungen Hefe
50 g Honig
1 Ei
3 EL Pflanzenöl
2 EL Butter
1 TL Salz

Zubereitung

In einer kleinen Schüssel Wasser und Hefe verrühren. 5 Minuten stehen lassen, bis Blasen entstehen. In der Zwischenzeit Haferflocken in einem Mixer zu einer mehlartigen Konsistenz verarbeiten. Hafermehl, Honig, Milch, Salz und Pflanzenöl in eine mittelgroße Pfanne geben. Auf etwa 50 °C erhitzen und anschließend von der Herdplatte nehmen. Ein einrühren.

In einer großen Schüssel Vollkornmehl, Roggenmehl, Leinsamen und 125 g Mehl vermengen. Hefemischung hinzugeben und 1 Minuten durchrühren. Schüssel abdecken und 30 Minuten gehen lassen. Nach und nach das restliche Mehl einrühren, bis ein fester Teig entsteht. Eine gerade Fläche mit Mehl bestäuben und dort den Teig 10 Minuten durchkneten.

Eine Schüssel mit etwas Öl einpinseln und Teig hineingeben. Schüssel abdecken und 1 Stunde gehen lassen. Anschließend Teig noch einmal durchkneten, halbieren und in Brote formen. In eingeölte Kastenformen geben und 30 weitere Minuten gehen lassen. In der Zwischenzeit Ofen auf 180 °C vorheizen. Brote für 25 bis 30 Minuten in den Ofen geben, bis sie goldbraun sind. Mit Butter einstreichen und abkühlen lassen.

KAROTTEN AUS DEM OFEN

KCAL	FETT	CHOLESTERIN	BALLASTSTOFFE
110	7 g	0 Mg	4 g

Zutaten

Für 6 Portionen:
12 Karotten
3 EL Olivenöl
2 EL Dill
1 ½ TL Salz
1 Prise Pfeffer

Zubereitung

Die Möhren schälen

Den Ofen auf 200 °C vorheizen. Die Möhren in ca. 3 Zentimeter lange Stücke und dann diagonal durchschneiden.

Die Karotten mit Öl, Salz und Pfeffer in eine Schüssel geben und gut vermengen.

Backpapier auf einem Backblech auslegen und die Möhren darauf verteilen. Anschließend 20 Minuten in den Ofen geben, bis die Möhren leicht anbräunen.

Vor dem Servieren die Möhren mit dem Dill vermengen.

GRÜNKOHL MIT KNOBLAUCH

KCAL	FETT	CHOLESTERIN	BALLASTSTOFFE
178	11 g	0 Mg	4 g

Zutaten

Für 4 Portionen:
750 g Grünkohl
250 ml Gemüsebrühe
2 Knoblauchzehen
3 EL Olivenöl
2 EL Rotweinessig
1 Prise Salz
1 Prise Pfeffer

Zubereitung

Stiele vom Grünkohl abschneiden und die Blätter grob schneiden.

In einer großen Suppenschüssel das Öl bei mittlerer Temperatur erwärmen. Knoblauch hinzugeben und etwa 1 Minute anbraten. Dabei darauf achten, dass er noch nicht anbräunt.

Temperatur erhöhen und Gemüsebrühe und Kohl dazugeben. Den Topf abdecken und den Kohl 5 Minuten kochen.

Anschließend den Deckel abnehmen und unter häufigem Rühren Kohl weiter kochen, bis keine Flüssigkeit mehr im Topf ist.

Mit Salz, Pfeffer und Pfeffer abschmecken. Essig unterrühren

MINZIGE ZUCKERSCHOTEN

KCAL	FETT	CHOLESTERIN	BALLASTSTOFFE
94	3 g	0 Mg	5 g

Zutaten

Für 6 Portionen:
500 g Zuckerschoten
250 g frische Erbsen
1 EL Olivenöl
2 Knoblauchzehen
10 Minzblätter
1 Prise Zucker
1 Prise Salz

Zubereitung

Knoblauchzehen schälen und halbieren. Minzblätter klein hacken.

Wasser in einen Suppentopf füllen und zum Kochen bringen. Zuckererbsen hineingeben und 2 bis 3 Minuten kochen. Anschließend das Wasser abgießen und die Zuckerschoten mit kaltem Wasser abschrecken.

In einer Pfanne bei mittlerer Temperatur das Öl erhitzen. Knoblauch hinzugeben und etwa 1 Minute anbraten, bis der Knoblauch goldbraun ist.

Pfanne von der Herdplatte nehmen und Knoblauch herausnehmen. Zuckererbsen in die Pfanne geben und 3 bis 5 Minuten im Öl schwenken.

Zuckererbsen in eine Schüssel geben und mit Minze, Zucker und Salz vermengen.

SPARGEL-MANDEL-BEILAGE

KCAL	FETT	CHOLESTERIN	BALLASTSTOFFE
110	5 g	0 Mg	6 g

Zutaten

Für 4 Portionen:
1 kg Spargel
6 EL blanchierte Mandeln
6 EL Wasser
1 ½ EL Zitronensaft
1 ½ TL Zitronenabrieb
1 EL Olivenöl
1 Prise Salz
1 Prise Pfeffer
1 Prise Zucker

Zubereitung

Ofen auf 220 °C vorheizen. Enden vom Spargel abschneiden.

Backpapier auf ein Backblech legen und Spargel darauf geben. Mit Olivenöl beträufeln und mit Salz und Pfeffer würzen. 15 Minuten in den Ofen geben, bis der Spargel weich ist.

5 EL Mandeln, Zitronensaft, Zucker und Wasser in einen Mixer geben und pürieren, bis eine glatte Masse entsteht. Mit Salz abschmecken.

Sauce auf einen Teller geben und den Spargel darauf legen. Mit Zitronenabrieb und den restlichen Mandeln garnieren.

GEGRILLTER MAIS

KCAL	FETT	CHOLESTERIN	BALLASTSTOFFE
129	7 g	15 Mg	2 g

Zutaten

Für 4 Portionen:
4 Kolben Mais
2 EL Butter (Zimmertemperatur)
1 TL Limettensaft
½ TL Chilipulver
¼ TL Zitronenabrieb
Wenige Spritzer Chilisauce
1 Prise Salz

Zubereitung

Den Grill auf eine hohe Temperatur vorwärmen. Maiskolben in Aluminiumfolie einwickeln und 10 Minuten auf den Grill geben. Dabei den Mais regelmäßig umdrehen. Anschließend den Mais vom Grill nehmen, aber noch in der Folie lassen.

In einer kleinen Schüssel Butter, Zitronenabrieb, Limettensaft, Chilipulver, Chilisauce und Salz vermengen.

Mais aus der Folie wickeln und mit der Buttermischung einpinseln.

Sofort genießen!

SCHARFER SÜßKARTOFFELBREI

KCAL	FETT	CHOLESTERIN	BALLASTSTOFFE
152	7 g	15 Mg	4 g

Zutaten

Für 4 Portionen:
2 Süßkartoffeln
2 EL Butter
1 Chilischote
1 TL Chilisoße
1 Prise Salz

Zubereitung

Süßkartoffeln schälen und in Würfel schneiden. Etwas Wasser in einen großen Topf geben und zum Köcheln bringen. Süßkartoffeln hineingeben und abgedeckt 20 Minuten dämpfen.

Süßkartoffeln mit Butter in eine Schüssel geben und stampfen. Chilischote klein schneiden und mit der Chilisoße und Salz zum Kartoffelbrei geben. Alles gut durchmengen. Sofort servieren!

FRUCHTIGER ROSENKOHL

KCAL	FETT	CHOLESTERIN	BALLASTSTOFFE
80	0 g	0 Mg	4 g

Zutaten

Für 4 Portionen:
500 g Rosenkohl
2 Schalotten
2 Äpfel
250 ml Wasser
4 EL Apfelessig
4 Stängel frischer Thymian
1 Prise Salz
1 Prise Pfeffer

Zubereitung

Schalotten schälen und in kleine Ringe schneiden. Äpfel entkernen und in Würfel schneiden. Rosenkohl entstielen und vierteln.

Eine große Pfanne bei hoher Temperatur ohne Öl erhitzen. Schalotten in die Pfanne geben und unter ständigem Rühren 2 Minuten braten. Äpfel und 50 ml Wasser hinzugeben. 2 Minuten kochen, bis die Flüssigkeit in etwa halbiert ist. Festgebratenes vom Boden der Pfanne entfernen.

Rosenkohl und restliches Wasser, 2 EL Essig, Salz und Pfeffer hinzufügen. Temperatur reduzieren und Topf abdecken. 15 Minuten unter gelegentlichem Rühren köcheln lassen, bis der Rosenkohl und die Äpfel weich sind. Deckel abnehmen und restlichen Essig und Thymian hinzugeben. Weiter kochen, bis die Flüssigkeit verschwunden ist. Sofort genießen!

GESUNDE POMMES

KCAL	FETT	CHOLESTERIN	BALLASTSTOFFE
110	0 g	0 Mg	2 g

Zutaten

Für 6 Portionen:
1 kg Kartoffeln
4 Knoblauchzehen
2 EL Gemüsebrühe
2 TL Zwiebelpulver
1 Prise Chilipulver

Zubereitung

Den Ofen auf 200 °C vorheizen. Zwei Backbleche mit Backpapier auslegen. Die Kartoffeln in dünne Stangen schneiden und mit der Gemüsebrühe in eine große Schüssel geben. Alles gut durchrühren, sodass alle Kartoffeln mit der Brühe bedeckt sind. Knoblauch, Zwiebelpulver und Chilipulver hinzufügen. Erneut durchrühren, um die Gewürze zu verteilen. Die Kartoffeln auf den Backblechen verteilen. Dabei darauf achten, dass sie sich nicht gegenseitig abdecken. Die Kartoffeln 30 Minuten im Ofen backen. Nach der Hälfte der Zeit einmal durchmengen.

PILZE MIT ASIATISCHEM TOUCH

KCAL	FETT	CHOLESTERIN	BALLASTSTOFFE
250	4 g	0 Mg	10 g

Zutaten

Für 4 Portionen:
500 g Pak Choi
230 g Champignons
100 ml Wasser
4 Karotten
2 EL Orangensaft
1 EL Tahin
1 ½ TL Sojasauce
1 TL Sesamkörner
1 Prise Ingwerpulver

Zubereitung

Pak Choi längs halbieren. Pilze in Scheiben schneiden. Karotten schälen und klein reiben. Sesamkörner in einer Pfanne ohne Öl anrösten. Eiswürfel in eine große Schüssel mit Wasser geben. Etwas Wasser in einen Topf geben und bei hoher Temperatur zum Köcheln bringen. Pak Choi in den Topf geben und zugedeckt bei mittlerer Temperatur etwa 10 Minuten dämpfen. Anschließend Bok Choi in das Eisbad geben. In einer großen Pfanne 100 ml Wasser zum Köcheln bringen. Pilze hinzugeben und Pfanne abdecken. Temperatur reduzieren und 6 Minuten kochen oder bis die Pilze weich sind. Nach der Hälfte der Zeit einmal kurz durchrühren. Orangensaft, Tahin, Sojasauce und Ingwer in einer großen Schüssel verrühren. Pak Choi, Pilze und Karotten hinzugeben und alles gut vermengen. Vor dem Servieren mit den Sesamkernen garnieren.

SAHNESPINAT

KCAL	FETT	CHOLESTERIN	BALLASTSTOFFE
130	4 g	5 Mg	4 g

Zutaten

Für 4 Portionen:
2 Packungen TK-Spinat
350 ml fettarme Milch
100 ml Hühnerbrühe
2 Schalotten
4 EL Mehl
2 EL Olivenöl
1 Prise Muskatnuss
1 Prise Salz
1 Prise Pfeffer

Zubereitung

Schalotten schälen und klein schneiden. Spinat auftauchen und abseihen.

Öl in einer großen Pfanne bei mittlerer Temperatur erhitzen. Schalotten hinzugeben und 2 Minuten anbraten, bis sie weich sind. Mehl hinzugeben und weitere 30 Minuten braten. Milch hinzugeben und zum Köcheln bringen. 2 Minuten braten, dabei Festgebratenes vom Pfannenboden entfernen. Spinat hinzugeben und 5 Minuten kochen, bis er weich ist.

Muskatnuss hineinrühren. Mit Salz und Pfeffer abschmecken. Sofort genießen!

FRÜHLINGSKARTOFFELBREI

KCAL	FETT	CHOLESTERIN	BALLASTSTOFFE
172	3 g	9 Mg	3 g

Zutaten

Für 10 Portionen:
1,5 kg Kartoffeln
200 ml fettarme Milch
200 ml fettarmer Frischkäse
4 Stängel Schnittlauch
¼ Zwiebel
1 TL Salz

Zubereitung

Schnittlauch in dünne Ringe schneiden. Zwiebel in kleine Würfel schneiden. Kartoffeln schälen und in Würfel schneiden.

Kartoffeln in einen großen Topf geben und mit Wasser bedecken. Wasser zum Kochen bringen. Temperatur reduzieren und 10 Minuten köcheln lassen, bis die Kartoffeln weich sind.

Kartoffeln abseihen und zurück in den Topf geben. Milch und Salz hinzugeben. Mit einem Kartoffelstampfer die Masse zu Brei verarbeiten.

Frischkäse, Schnittlauch und Zwiebeln hinzugeben und gut durchrühren.

Sofort genießen!

SÜSSE KICHERERBSENBEILAGE

KCAL	FETT	CHOLESTERIN	BALLASTSTOFFE
237	1 g	0 Mg	5 g

Zutaten

Für 8 Portionen:
1 Dose Kichererbsen
200 g Rosinen
80 ml Olivenöl
50 ml Rotweinessig
4 Frühlingszwiebeln
2 TL Zucker
1 Prise Kurkuma
1 Prise Salz
1 Prise Pfeffer

Zubereitung

Kichererbsen abseihen und gut abspülen. Frühlingszwiebeln in dünne Streifen schneiden.

In einem kleinen Topf Rosinen, Essig und Zucker vermengen. Mischung zum Köcheln bringen. Anschließend von der Herdplatte nehmen und abkühlen lassen.

In einer großen Schüssel Kichererbsen, Frühlingszwiebeln und Rosinenmischung vermengen.

In einer kleinen Schüssel Öl, Kurkuma, Salz und Pfeffer vermengen. Ölmischung zu den Kichererbsen geben und gut durchrühren.

BOHNEN AUF MEDITERRANE ART

KCAL	FETT	CHOLESTERIN	BALLASTSTOFFE
245	1 g	1 Mg	9 g

Zutaten

Für 4 Portionen:
- 1 Dose weiße Bohnen
- 100 ml Wasser
- 2 Knoblauchzehen
- 1 Tomate
- 2 EL Olivenöl
- 4 Zweige Petersilie
- 1 Zweig Rosmarin
- 1 TL geriebener Parmesan
- 1 Prise Chiliflocken
- 1 Prise Salz

Zubereitung

Knoblauch pressen. Tomate klein schneiden. Bohnen abseihen und gut abspülen. Petersilie klein hacken.

1 EL Olivenöl in einer großen Pfanne bei mittlerer Temperatur erhitzen. Knoblauch und Chiliflocken dazugeben und 1 Minute anbraten. Tomate und Rosmarin hinzugeben und 2 weitere Minuten braten. Bohnen hinzugeben und 5 weitere Minuten braten. Dabei die Bohnen mit einem Holzlöffel etwas zerdrücken.

Rosmarinzweig entfernen und Wasser und Petersilie einrühren. Mit Salz und Parmesan abschmecken.

QUINOA MIT FRISCHEM KICK

KCAL	FETT	CHOLESTERIN	BALLASTSTOFFE
391	18 g	0 Mg	5 g

Zutaten

Für 4 Portionen:
- 600 ml Hühnerbrühe
- 300 g Quinoa
- 100 ml Limettensaft
- 75 g Basilikumblätter
- 25 g Petersilie
- 50 ml Olivenöl
- 1 EL Thymian
- 2 TL Zitronenabrieb
- 1 Prise Salz
- 1 Prise Pfeffer

Zubereitung

Hühnerbrühe, die Hälfte des Limettensaftes und Quinoa in einem Topf vermengen. Bei mittlerer Temperatur zum Kochen bringen. Anschließend Temperatur reduzieren, Topf abdecken und 12 bis 15 Minuten köcheln lassen, bis die Flüssigkeit absorbiert ist.

Basilikum und Petersilie klein hacken. In einer kleinen Schüssel, Olivenöl, den restlichen Limettensaft, Basilikum, Petersilie und Zitronenabrieb vermengen. Mit Salz und Pfeffer abschmecken.

Dressing über den Quinoa geben und alles gut verrühren.

HERZHAFTE MUFFINS

KCAL	FETT	CHOLESTERIN	BALLASTSTOFFE
162	7 g	20 Mg	1 g

Zutaten

Für 12 Muffins:
- 200 ml Buttermilch
- 150 g Mehl
- 75 g Vollkornmehl
- 100 g Maismehl
- 50 g geriebener Parmesan
- 1 Ei
- 2 Eiweiß
- 5 EL Pflanzenöl
- 2 EL Rosmarin
- 2 EL Thymian
- 2 TL Backpulver
- 1 Prise Majoran

Zubereitung

Ofen auf 190 °C vorheizen. Ein Muffinblech einfetten oder mit Einweg-Förmchen auslegen.

In einer großen Schüssel Buttermilch, Ei, Eiweiß, Pflanzenöl, alle Gewürze, Parmesan und Maismehl gut verrühren. Mehl, Vollkornmehl und Backpulver hinzugeben. Dabei nur so lange rühren, bis alle trockenen Zutaten angefeuchtet sind.

Teig zu etwa zwei Dritteln in die Muffinformen füllen. 20 bis 25 Minuten in den Ofen geben, bis die Muffins goldbraun und fest sind. Aus den Muffinformen nehmen und warm genießen.

ORIENTALISCHER COUSCOUS

KCAL	FETT	CHOLESTERIN	BALLASTSTOFFE
253	5 g	0 Mg	4 g

Zutaten

Für 6 Portionen:
- 400 ml Hühnerbrühe
- 300 g Couscous
- 100 g Cranberrys
- 2 Zucchini
- ½ rote Zwiebel
- 2 EL Olivenöl
- 1 Prise Salz
- 1 Prise Pfeffer

Zubereitung

Zwiebel schälen und klein schneiden. Zucchini klein schneiden

Öl in einer großen Pfanne bei mittlerer Temperatur erhitzen. Zwiebel und Zucchini dazugeben und 5 Minuten anbraten, bis das Gemüse weich ist. Mit Salz und Pfeffer abschmecken.

Cranberrys und Hühnerbrühe hinzugeben und Mischung .zum Kochen bringen.

Couscous einrühren. Topf abdecken, Herdplatte aus stellen und Gericht für 10 Minuten ziehen lassen.

Vor dem Servieren Couscous mit einer Gabel auflockern.

ASIA-SPINAT

KCAL	FETT	CHOLESTERIN	BALLASTSTOFFE
116	8 g	0 Mg	4 g

Zutaten

Für 4 Portionen:
500 g frischer Spinat
2 Knoblauchzehen
50 g geröstete Erdnüsse
1 EL frisch geriebener Ingwer
1 ½ EL Reisessig
1 ½ EL Sojasauce
1 EL Olivenöl

Zubereitung

In einem großen Topf Öl bei mittlerer Temperatur erhitzen. Knoblauch und Ingwer hinzugeben und unter Rühren etwa 15 Sekunden anbraten.

Den Spinat nach und nach unter ständigem Rühren hinzugeben. Spinat etwa 3 Minuten kochen, bis die Blätter zusammenfallen.

Reisessig und Sojasauce hinzugeben. Alles gut verrühren. Erdnüsse klein hacken und vor dem Servieren auf den Spinat geben. Sofort genießen!

APFELROTKOHL

KCAL	FETT	CHOLESTERIN	BALLASTSTOFFE
93	3 g	0 Mg	4 g

Zutaten

Für 6 Portionen:
400 ml trockener Rotwein
50 ml Rotweinessig
1 Kopf Rotkohl
2 Zwiebeln
1 TL Salz
2 Äpfel
2 Gewürznelken
1 EL Distelöl

Zubereitung

Äpfel schälen, entkernen und in dünne Scheiben schneiden. Zwiebeln schälen. Eine in dünne Scheiben schneiden, eine halbieren. Rotkohl klein reiben.

In einer großen Pfanne das Öl bei mittlerer Temperatur erhitzen. Zwiebelscheiben hinzugeben und bei mittlerer Hitze 7 Minuten braten, bis sie glasig werden.

Rotkohl, Salz und Äpfel hinzugeben. Alles gut durchrühren.

Jeweils 1 Gewürznelke in die Zwiebelhälften stecken. Zwiebelhälften, Essig und Wein zur Rotkohlmischung geben.

Pfanne abdecken und bei niedriger Temperatur etwa 90 Minuten schmoren, bis der Kohl weich wird und der Großteil der Flüssigkeit absorbiert wird.

Zwiebelhälften entfernen. Warm genießen!

HAUPTGERICHTE

REIS MIT BROKKOLI UND PILZEN

KCAL	FETT	CHOLESTERIN	BALLASTSTOFFE
97	6 g	0 Mg	3 g

Zutaten

Für 6 Portionen:
1 Kopf Brokkoli
500 g Pak Choi
400 g Reis
150 g Champignons
150 ml Wasser
3 EL Hoisin-Sauce
2 EL Distelöl
1 TL Sesamöl
3 bis 4 Tropfen Chiliöl

Zubereitung

Reis nach Packungsangabe zubereiten. Brokkoli in Röschen schneiden. Pilze vierteln. Pak Choi in Streifen schneiden.

Hoisin-Sauce, Sesamöl, Chiliöl und Wasser in einer kleinen Schüssel vermengen.

Distelöl in einem Wok bei mittlerer Temperatur erhitzen. Pilze und Pok Choi hinzugeben und Temperatur erhöhen. 2 Minuten unter ständigem Rühren anbraten. Brokkoli hinzugeben und weitere 3 Minuten braten, bis der Brokkoli langsam weich wird.

Hoisin-Mischung hinzugeben. Unter gelegentlichem Rühren etwa 5 Minuten weiter braten, bis die Flüssigkeit fast verschwunden und der Brokkoli weich ist. Mit Salz abschmecken. Sofort genießen.

THUNFISCH-NUDELAUFLAUF

KCAL	FETT	CHOLESTERIN	BALLASTSTOFFE
476	7 g	66 Mg	11 g

Zutaten

Für 6 Portionen:
4 Dosen Thunfisch im eigenen Saft
600 ml fettarme Milch
200 ml Hühnerbrühe
300 g Brokkoli
300 g TK-Erbsen
280 g Champignons
250 g Fettuccine
30 g Mehl
5 Scheiben festes oder altes Vollkornbrot
2 Zwiebeln
1 Stange Sellerie
1 EL Pflanzenöl
1 Prise Pfeffer

Zubereitung

Fettuccine in Drittel brechen. Zwiebel, Pilze, Brokkoli und Sellerie klein schneiden. Thunfisch abseihen. Den Ofen auf 220° C vorheizen.

Fettuccine nach Packungsanleitung kochen und anschließend abseihen.

Brot in einen Mixer geben und zu Semmelmehl verarbeiten.

Öl in einer Pfanne bei mittlerer Temperatur erhitzen. Zwiebel hinzugeben und 5 Minuten abraten, bis sie weich wird. Sellerie hinzugeben und unter gelegentlichem Rühren 6 Minuten anbraten. Pilze hinzugeben und 5 bis 7 Minuten braten, bis sie ihre Flüssigkeit verlieren. Mehl einrühren, bis keine Klumpen mehr zu sehen sind. Milch und Brühe dazugeben und alles gut durchrühren.

Den Inhalt der Pfanne unter häufigem Rühren zum Kochen bringen. Anschließend die Temperatur reduzieren, bis die Masse nur noch köchelt. 7 bis 8 Minuten köcheln lassen, bis etwa 100 ml Flüssigkeit verdunstet sind. Pfeffer einrühren.

In einer großen Schüssel Fettuccine, Pilzmischung, Brokkoli, Thunfisch und Erbsen vermengen. Alles in eine Auflaufform geben. Mit Semmelmehl toppen und für 25 Minuten in den Ofen geben, bis die Oberfläche goldbraun ist.

TOMATEN-BOHNEN-RAGOUT

KCAL	FETT	CHOLESTERIN	BALLASTSTOFFE
124	1 g	0 Mg	6 g

Zutaten

Für 2 Portionen:
1 Dose weiße Bohnen
1 Dose stückige Tomaten
50 g geriebener Parmesan
½ Zwiebel
1 Knoblauchzehe
1 Prise Salz
1 Prise Pfeffer
1 Zweig Petersilie

Zubereitung

Zwiebel in kleine Würfel schneiden. Knoblauch pressen. Petersilie klein hacken.

Tomaten, Zwiebeln, Knoblauch, Salz und Pfeffer in einen mittelgroßen Topf geben. Zum Kochen bringen und bei mittlerer Temperatur 5 Minuten kochen lassen, sodass etwas Flüssigkeit verschwindet.

Bohnen abseihen und mit kaltem Wasser abspülen. Mit der Petersilie zur Tomatenmischung geben. 20 Minuten köcheln lassen.

Mit Salz und Pfeffer abschmecken. Vor dem Servieren etwas Parmesan auf das Ragout geben.

VOLLKORNNUDELN ASIATISCH ANGEHAUCHT

KCAL	FETT	CHOLESTERIN	BALLASTSTOFFE
280	0 g	0 Mg	1 g

Zutaten

Für 4 Portionen:
1 Packung Vollkornnudeln
2 Frühlingszwiebeln
2 EL Tahin
3 EL Sojasauce
2 EL Reisessig
2 EL Honig
1 EL Sherry
2 Knoblauchzehen
2 TL Chilisauce
1 TL Salz

Zubereitung

Vollkornnudeln nach Packungsanleitung zubereiten und abseihen.

In einer Schüssel Tahin, Sojasauce und Essig glatt rühren. Honig und Sherry hinzufügen und erneut verrühren. Nach und nach etwas Wasser zur Tahin-Mischung geben, bis eine saucenartige Konsistenz entsteht. Knoblauch pressen und mit Salz und Chilisauce zur Tahin-Mischung geben.

Nudeln in eine große Schüssel geben und mit Sauce benetzen. Frühlingszwiebeln in Ringe schneiden und über die Nudeln geben. Sofort genießen!

QUINOA AUF ITALIENISCHE ART

KCAL	FETT	CHOLESTERIN	BALLASTSTOFFE
169	26 g	1 Mg	3 g

Zutaten

Für 6 Portionen:
215 g Quinoa
400 ml Wasser
1 Prise Salz
2 große Tomaten
4 Stängel Basilikum
1 Prise Salz
1 Prise Pfeffer
Etwas geriebener Parmesan

Zubereitung

Quinoa sorgfältig abspülen. Anschließend mit Wasser und Salz in einen Topf geben. Zum Kochen bringen und anschließend die Temperatur reduzieren. Topf abdecken und etwa 20 Minuten köcheln lassen, bis der Quinoa weich ist und er das Wasser aufgenommen hat.

Tomaten in Würfel schneiden. Basilikum hacken. Den Quinoa mit einer Gabel auflockern. Tomaten und Basilikum dazugeben und durchrühren. Mit Salz und Pfeffer abschmecken. Vor dem Servieren etwas Parmesan auf das Quinoa geben.

SPAGHETTI MIT GEMÜSE UND WALNUSSPESTO

KCAL	FETT	CHOLESTERIN	BALLASTSTOFFE
646	43 g	0 Mg	9 g

Zutaten

Für 4 Portionen:
1 Packung Spaghetti
150 g Walnüsse
3 Paprika
2 Zucchini
300 g Spargel
170 g Champignons
90 ml Olivenöl
80 g Basilikum
2 Knoblauchzehen
1 Prise Salz

Zubereitung

Walnüsse, Basilikum und 80 ml Olivenöl in einen Mixer geben und zu einer glatten Masse pürieren.

Paprika, Zucchini, Spargel und Pilze in Scheiben schneiden. Eine große Pfanne mit etwas Wasser füllen und Spargel 10 Minuten darin kochen, bis er weich ist. Paprika, Zucchini, Pilze und restliches Olivenöl bei mittlerer Temperatur 25 Minuten anbraten, bis das Gemüse weich ist. Kurz vor Ablauf der Zeit den Spargel hinzufügen.

Spaghetti nach Packungsanleitung kochen. Abseihen und in einer großen Schüssel mit dem Walnusspesto vermengen. Auf einem Teller mit dem Gemüse servieren.

EINFACHES BOHNEN-REIS-GERICHT

KCAL	FETT	CHOLESTERIN	BALLASTSTOFFE
368	5 g	0 Mg	11 g

Zutaten

Für 4 Portionen:
200 g Vollkornreis
200 ml Wasser
2 Dosen schwarze Bohnen
1 Paprika
2 Knoblauchzehen
4 Radieschen
1 Zwiebel
1 EL Rotweinessig
1 EL Olivenöl
1 TL Salz
1 TL Pfeffer
1 TL Kümmel
1 TL Oregano
1 Prise Pfeffer

Zubereitung

Reis nach Packungsanleitung kochen.

Zwiebel, Paprika und Knoblauch klein schneiden. Bohnen abseihen und gut abspülen.

Öl bei mittlerer Temperatur in einer großen Pfanne erhitzen. Zwiebel, Paprika, Knoblauch, Salz und Pfeffer dazugeben. Unter gelegentlichem Rühren 5 bis 7 Minuten anbraten, bis die Zwiebel und die Paprika weich sind.

Kümmel hinzugeben und eine weitere Minute anbraten. Bohnen, Oregano und Wasser hinzufügen. Pfanne abdecken und 10 Minuten köcheln lassen. Essig hinzugeben. Einige der Bohnen mit einer Gabel zerstampfen.

Radieschen in dünne Scheiben schneiden und mit den Bohnen auf dem Reis servieren.

DOPPELDECKER-SANDWICH MIT BOHNEN

KCAL	FETT	CHOLESTERIN	BALLASTSTOFFE
684	3 g	0 Mg	27 g

Zutaten

Für 4 Portionen:
12 Scheiben Vollkornbrot
2 Dosen weiße Bohnen
2 Avocados
1 Packung gemischte Sprossen
1 rote Zwiebel
1 Gurke
2 EL Olivenöl
1 Prise Salz
1 Prise Pfeffer

Zubereitung

Bohnen abseihen und gut abspülen. Zwiebel und Gurke in Scheiben schneiden. Avocado schälen, entkernen und in dünne Scheiben schneiden.

Bohnen, Öl, Salz und Pfeffer in einer Schüssel vermengen. Bohnen mit einer Gabel zerdrücken.

8 Brotscheiben auf der Arbeitsplatte verteilen. Bohnenmischung darauf verteilen. Zwiebel, Gurke, Sprossen und Avocado darauf legen.

Jeweils zwei der belegten Scheiben aufeinander legen. Die restlichen 4 Scheiben darauf verteilen.

FRISCHE ZUCCHINIPASTA

KCAL	FETT	CHOLESTERIN	BALLASTSTOFFE
455	12 g	16 Mg	4 g

Zutaten

Für 4 Portionen:
1 Packung Vollkornspaghetti
500 g Zucchini
140 g Ziegenkäse
1 Knoblauchzehe
1 EL Olivenöl
2 TL Salz
2 TL Zitronenabrieb
1 Prise Pfeffer

Zubereitung

Nudeln nach Packungsanleitung kochen. 200 ml des Nudelwassers aufheben. Die Nudeln abseihen und zurück in den Topf geben.

Zucchini und Knoblauch klein schneiden. Öl in einer Pfanne bei mittlerer Temperatur erhitzen. Zucchini, 1 TL Salz und Pfeffer hinzugeben. Unter gelegentlichem Rühren 5 Minuten anbraten, bis die Zucchini weich sind.

Knoblauch hinzugeben und 1 weitere Minute braten. Bis auf 2 EL den Ziegenkäse zu den Nudeln geben. Nudelwasser, 1 TL Salz und Pfeffer hinzugeben und durchmengen.

Vor dem Servieren mit Zucchini, Zitronenabrieb und restlichem Ziegenkäse garnieren.

HEILBUTT MIT ZITRUSFRÜCHTEN

KCAL	FETT	CHOLESTERIN	BALLASTSTOFFE
339	12 g	54 Mg	5 g

Zutaten

Für 4 Portionen:
750 g Heilbutt
1 Dose stückige Tomaten
2 Orangen
1 Zwiebel
100 g grüne Oliven
1 EL Olivenöl
1 Prise Salz
1 Prise Pfeffer
50 g Dill

Zubereitung

Zwiebeln klein schneiden. Orangen schälen und in Stücke zerlegen. Dill klein hacken. Olivenöl in einer großen Pfanne bei mittlerer Temperatur erhitzen. Zwiebel hinzugeben und 5 Minuten anbraten, bis sie weich wird.

Oliven, Orangen und Tomaten hinzugeben. Pfanne abdecken und 10 Minuten köcheln lassen. Salz und Pfeffer hinzugeben. Fisch in die Pfanne geben und Soße darüber gießen. Pfanne wieder abdecken und 7 Minuten kochen, bis der Fisch durch ist.

Vor dem Servieren den Fisch mit Dill bestreuen.

PILZTACOS

KCAL	FETT	CHOLESTERIN	BALLASTSTOFFE
270	2 g	0 Mg	12 g

Zutaten

Für 4 Portionen:
220 g Champignons
1 Bündel Mangold
1 Dose weiße Bohnen
8 kleine Maistortillas
1 Paprika
2 Zwiebeln
100 ml Wasser
1 TL Sojasauce

Zubereitung

Zwiebeln schälen und klein schneiden. Pilze in Scheiben schneiden. Mangold in dünne Streifen schneiden. Bohnen abseihen und gut abspülen. Paprika entkernen und klein schneiden.

Wasser in einer großen Pfanne zum Kochen bringen. Zwiebeln hinzugeben und unter gelegentlichem Rühren 8 Minuten kochen, bis die Zwiebeln anbräunen.

Sojasauce, Pilze und Mangold hinzugeben und Temperatur reduzieren. Pfanne abdecken und 15 Minuten köcheln lassen, bis die Pilze weich sind. Dabei häufig Umrühren und etwas Wasser hinzugeben, falls die Zwiebeln am Pfannenboden hängen bleiben. Bohnen hinzugeben, Pfanne wieder abdecken und 5 weitere Minuten köcheln lassen. Tortillas kurz aufwärmen. Mit der Bohnenmischung füllen und mit Paprikas toppen.

EINFACHES KABELJAUGERICHT

KCAL	FETT	CHOLESTERIN	BALLASTSTOFFE
362	17 g	56 Mg	4 g

Zutaten

Für 4 Portionen:
4 Kabeljaufilets
3 Kartoffeln
50 ml Olivenöl
1 EL Butter
2 TL Zitronensaft
2 TL Kräuter der Provence
1 Prise Pfeffer

Zubereitung

Ofen auf 180 °C vorheizen. Eine Auflaufform einfetten. Die Kartoffeln in dünne Scheiben schneiden. In die Auflaufform schichten und Olivenöl, Pfeffer und etwas Kräuter der Provence darauf verteilen.

35 bis 45 Minuten in den Ofen geben, bis die Kartoffeln angebräunt sind. Fisch auf die Kartoffeln geben. Butter darauf verteilen und mit Zitronensaft beträufeln.

15 bis 25 Minuten in den Ofen geben, bis sich die Haut vom Fisch löst.

LEMON PASTA MIT LACHS

KCAL	FETT	CHOLESTERIN	BALLASTSTOFFE
462	18 g	66 Mg	8 g

Zutaten

Für 4 Portionen:
4 Lachsfilets
250 g Vollkornspaghetti
200 g Babyspinat
1 Knoblauchzehe
3 EL Olivenöl
50 g Basilikum
3 TL Kapern
Abrieb einer Zitrone
2 TL Zitronensaft
1 Prise Salz
1 Prise Pfeffer

Zubereitung

Spaghetti nach Packungsanleitung zubereiten. Anschließend abseihen und in eine große Schüssel geben. Knoblauch pressen und mit 2 EL Olivenöl, Salz und Pfeffer vermengen. 1 EL Olivenöl in einer Pfanne bei mittlerer Temperatur erhitzen. Lachsfilets nach Geschmack mit Salz und Pfeffer würzen und anschließend je nach bevorzugtem Gargrad in der Pfanne braten. Basilikum, Kapern, Zitronenabrieb und Zitronensaft zu den Spaghetti geben und gut vermengen. Spinat auf vier Schüsseln verteilen. Darauf die Nudeln geben und schließlich mit einem Lachsfilet toppen.

HACKBÄLLCHEN ITALIENISCHER ART

KCAL	FETT	CHOLESTERIN	BALLASTSTOFFE
368	14 g	61 Mg	6 g

Zutaten

Für 6 Portionen:
500 g Hackfleisch
1 Glas Tomatensauce
75 g Semmelmehl
40 g Parmesan
½ Zwiebel
2 Eiweiß
3 Knoblauchzehen
1 EL Olivenöl
2 TL Worcestershire-Sauce
1 Prise Fenchel
1 Prise Oregano
1 Prise Pfeffer
1 Prise Chilliflocken

Zubereitung

Zwiebeln klein schneiden. Knoblauch pressen. In einer kleinen Pfanne mit Olivenöl bei mittlerer Temperatur für 5 Minuten anbraten. Von der Herdplatte nehmen und in eine große Schüssel geben.

Eiweiß, Semmelmehl, Parmesan, Fenchel, Oregano, Worcestershire-Sauce, Pfeffer und Chilliflocken dazugeben und alles gut verrühren. Hackfleisch hinzugeben und gut vermengen. Aus der Fleischmasse 12 Hackbällchen formen.

In einer großen Pfanne Tomatensauce zum Köcheln bringen. Vorsichtig Hackbällchen zur Sauce geben. Pfanne teilweise abdecken und 15 bis 25 Minuten köcheln lassen, bis die Hackbällchen durchgebraten sind.

STEAKPFANNE MIT PILZEN

KCAL	FETT	CHOLESTERIN	BALLASTSTOFFE
300	15g	41 Mg	2 g

Zutaten

Für 4 Portionen:
500 g Lendensteak
100 g gemischte Pilze
80 ml Wasser
1 Bund Mangold
3 Knoblauchzehen
½ rote Zwiebel
3 EL Olivenöl
2 EL Maisstärke
2 EL Balsamicoessig
2 EL Sojasauce
2 EL brauner Zucker
1 Prise Salz
1 Prise Pfeffer
Saft einer halben Zitrone

Zubereitung

Steak in kleine Streifen schneiden. Knoblauch, Zwiebel, Pilze und Mangold in dünne Streifen schneiden. In einer Schüssel Steak, 1 EL Maisstärke, 1 EL Essig und 1 EL Sojasauce vermengen. In einer weiteren Schüssel braunen Zucker, 1 TL Maisstärke, 1 EL Essig, 1 EL Sojasauce und Wasser verrühren. In einer großen Pfanne bei hoher Temperatur 1 EL Olivenöl erhitzen. Steak hinzugeben und unter gelegentlichem Rühren 2 bis 3 Minuten braten. Aus der Pfanne nehmen und Pfanne reinigen. 2 EL Öl in der Pfanne bei hoher Temperatur erhitzen. Knoblauch und rote Zwiebel hinzugeben und 2 Minuten unter ständigem Rühren anbraten. Pilze, Mangold und Salz hinzugeben. Mit Pfeffer würzen. 4 Minuten anbraten, bis das Gemüse weich ist. Zuckermischung und Steak hinzugeben. 1 Minute braten bis die Sauce andickt. Zitronensaft hinzugeben und servieren.

FRISCHE LIMETTENCREME MIT HEIDELBEEREN

KCAL	FETT	CHOLESTERIN	BALLASTSTOFFE
230	3 g	0 Mg	6 g

Zutaten

Für 4 Portionen:
350 g Seidentofu
300 g Heidelbeeren
8 Datteln
3 EL Limettensaft
2 TL Zitronenabrieb
1 TL Vanillearoma
1 Prise Kardamom

Zubereitung

Datteln klein schneiden und mit 1 EL Zitronenabrieb, Zitronensaft, Datteln, Vanille, Kardamom und Tofu in einen Mixer geben. Pürieren, bis eine glatte Masse entsteht.

Zitronencreme mit Heidelbeeren auf vier Schüssel aufteilen und mit Zitronenabrieb garnieren.

BALSAMICO-ERDBEEREN MIT RICOTTA

KCAL	FETT	CHOLESTERIN	BALLASTSTOFFE
180	5 g	20 Mg	2 g

Zutaten

Für 4 Portionen:
500 g Erdbeeren
150 g fettarmer Ricotta
3 EL Balsamicoessig
2 EL Honig
2 EL Zucker
2 Basilikumblätter
½ TL Vanillearoma

Zubereitung

Basilikum und Erdbeeren klein schneiden. Ricotta, Honig und Vanille in einen Mixer geben und etwa 1 Minute durchmixen, bis eine glatte Masse entsteht. In eine kleine Schüssel geben und mindestens 2 Stunden in den Kühlschrank tun.

In einer kleinen Pfanne Essig und Zucker verrühren und zum Kochen bringen. Bei mittlerer Temperatur 2 Minuten unter gelegentlichem Rühren köcheln. Anschließend abkühlen lassen.

In einer Schüssel Erdbeeren mit Basilikum und Balsamicomischung vermengen. Ricotta in Schüsseln geben und mit den Erdbeeren toppen.

LACHSPFANNE

KCAL	FETT	CHOLESTERIN	BALLASTSTOFFE
372	12 g	67 Mg	5 g

Zutaten

Für 4 Portionen:
125 g Lachsfilet
250 g Zuckerschoten
3 Karotten
1 Paprika
1 Zwiebel
2 EL Reisessig
2 EL Hoisin-Sauce
2 EL Erdnussöl
1 EL Zucker
1 EL Ingwerpulver
1 EL Maisstärke
1 Prise Pfeffer

Zubereitung

Karotten, Paprika und Zwiebel klein schneiden.

In einer kleine Schüssel Reisessig, Zucker, Ingwer, Maisstärke, Hoisin-Sauce und Pfeffer vermengen.

In einer großen Pfanne Erdnussöl bei hoher Temperatur erhitzen. Zwiebeln, Erbsen und Karotten hinzugeben und 3 bis 4 Minuten unter ständigem Rühren anbraten, bis das Gemüse weich wird. Paprika hinzugeben. Sofort das Lachsfilet auf das Gemüse geben. Temperatur reduzieren, Pfanne abdecken und 4 bis 5 Minuten kochen lassen, bis sich die Haut vom Fisch löst.

Essigmischung hinzugeben. Temperatur leicht erhöhen und nochmal 2 bis 3 Minuten alles durchbraten, bis die Sauce Blasen wirft. Mit warmen Reis servieren

MEXIKANISCHES HÜHNCHEN

KCAL	FETT	CHOLESTERIN	BALLASTSTOFFE
264	4 g	90 Mg	5 g

Zutaten

Für 4 Portionen:
4 Hühnerbrüste
200 g zuckerfreie Cornflakes
200 ml Salsa
1 Eiweiß
1 Jalapeño
2 EL Limettensaft
1 TL Thymian
1 Prise Pfeffer

Zubereitung

Ofen auf 190 °C vorheizen. Backpapier auf ein Backblech legen. Jalapeño klein schneiden.

In einer kleinen Schüssel 1 EL Limettensaft und Eiweiß schlagen, bis es schaumig wird. Cornflakes in einem Mixer zerkleinern. Anschließend mit Thymian und Pfeffer auf einem Teller vermengen.

Hühnchen zuerst in die Eimischung und dann in die Cornflakesmischung tunken. Auf das Backblech geben und 20 bis 25 Minuten backen, bis das Hühnchen durch ist. In einer kleinen Pfanne 1 EL Limettensaft, Salsa und unter gelegentlichem Rühren erhitzen. Soße mit Hähnchen servieren.

TEXAS CHICKEN

KCAL	FETT	CHOLESTERIN	BALLASTSTOFFE
316	11 g	97 Mg	3 g

Zutaten

Für 6 Portionen:
6 Hühnerbrüste
1 Dose weiße Bohnen
100 g Petersilie
50 g Parmesan
1 Zwiebel
3 EL Mehl
3 Knoblauchzehen
3 EL Olivenöl
1 TL Basilikum
1 Prise Oregano
1 Prise Pfeffer

Zubereitung

Zwiebel klein schneiden. Knoblauch pressen. 1 EL Öl in einer mittelgroßen Pfanne erhitzen. Zwiebel und Knoblauch hinzugeben und 5 Minuten anbraten, bis sie weich werden.

Bohnen abseihen und sorgfältig abspülen. Mit Petersilie, Oregano und Basilikum in eine Pfanne geben und unter häufigem Rühren 5 Minuten anbraten. Mit einem Kartoffelstampfer die Bohnen zerdrücken. Temperatur deutlich reduzieren.

Auf einem Teller Parmesan, Mehl und Pfeffer vermengen. Hühnchen darin wälzen. In einer großen Pfanne 2 EL Olivenöl bei mittlerer Temperatur erhitzen. Hühnchen hineingeben und 5 Minuten braten, ohne es zu bewegen. Anschließend vorsichtig wenden und 4 bis 6 Minuten weiter braten, bis es durch ist. Mit Bohnen servieren.

VEGETARISCHER REISAUFLAUF

KCAL	FETT	CHOLESTERIN	BALLASTSTOFFE
276	11 g	50 Mg	3 g

Zutaten

Für 8 Portionen:
400 g brauner Reis
300 ml Milch
200 g Pilze
150 g fettarmer Reibekäse
70 g fettarme Crème fraîche
2 rote Paprika
2 Zwiebeln
1 Ei
2 Eiweiß
1 Jalapeño
1 EL Olivenöl

Zubereitung

Reis nach Packungsanleitung kochen. Zwiebeln, Pilze, Paprika und Jalapeño klein schneiden. Ofen auf 180 °C vorheizen. Eine Auflaufform einfetten. Olivenöl in einer Pfanne erhitzen. Zwiebeln und Pilze hinzugeben und 3 Minuten unter ständigem Rühren anbraten. Paprika und Jalapeño hinzugeben und weitere 3 bis 4 Minuten anbraten, bis das Gemüse anbräunt. In einer Schüssel Reis, Milch, Ei, Eiweiß, Crème fraîche und Käse vermengen. Die Hälfte der Mischung in die Auflaufform geben. Gemüse darüber verteilen und am Ende den Rest des Reis darauf geben. 50 bis 65 Minuten in den Ofen geben, bis der Auflauf fest wird und anbräunt. Vor dem Servieren 5 Minuten abkühlen lassen.

PILZ-SCHASCHLIK

KCAL	FETT	CHOLESTERIN	BALLASTSTOFFE
216	7 g	79 Mg	1 g

Zutaten

Für 4 Portionen:
1 kg Pilze
500 g Filetsteak
100 ml trockener Rotwein
2 Knoblauchzehen
1 EL Olivenöl
1 EL Basilikum
1 EL Limettensaft
1 Prise Salz
1 Prise Cayenne-Pfeffer

Zubereitung

Knoblauch pressen. In einer Schüssel Wein, Olivenöl, Salz, Pfeffer, Basilikum und Knoblauch vermengen. Steak in etwa 7 Zentimeter große Würfel schneiden und zur Weinmischung geben. Vermengen, abdecken und für etwa 1 Stunde in den Kühlschrank stellen.

Anschließend Steak aus der Marinade nehmen. Pilze entstielen und mit Zitronensaft einpinseln. Steak und Pilze abwechselnd auf einen Schaschlikspieß fädeln.

Spieße 7 bis 10 Minuten in einer Grillpfanne braten. Nach der Hälfte der Zeit umdrehen und mit etwas Marinade einpinseln.

ARTISCHOCKEN-RISOTTO

KCAL	FETT	CHOLESTERIN	BALLASTSTOFFE
317	9 g	9 Mg	4 g

Zutaten

Für 6 Portionen:
500 ml Gemüsebrühe
400 ml Wasser
200 g Risotto-Reis
50 g geriebener Parmesan
4 Schalotten
3 Knoblauchzehen
1 Glas Artischokenherzen
20 g Basilikumblätter
2 EL Olivenöl
1 EL Butter
1 Prise Pfeffer

Zubereitung

Artischocken abseihen und gründlich abspülen. Schalotten klein schneiden. Knoblauch pressen. In einer Pfanne Wasser und Brühe vermischen. Bei niedriger Temperatur erhitzen. In einer zweiten Pfanne Olivenöl bei mittlerer Temperatur erhitzen. Schlotten und Knoblauch hinzugeben und bei ständigem Rühren 4 Minuten anbraten. Artischocken dazugeben und 3 weitere Minuten braten. Reis in die Pfanne geben und 2 Minuten weiter braten. Brühenmischung nach und nach dazugeben, bis die Flüssigkeit aufgenommen ist. Dieser Vorgang dauert etwa 20 bis 25 Minuten. Anschließend Pfeffer, Parmesan, Butter und klein geschnittene Basilikumblätter dazugeben. Pfanne abdecken und 5 Minuten auf einer kalten Herdplatte stehen lassen. Sofort genießen.

FRUCHTIGES HONIG-SENF-HÄHNCHEN

KCAL	FETT	CHOLESTERIN	BALLASTSTOFFE
122	1 g	41 Mg	1 g

Zutaten

Für 6 Portionen:
6 Hühnerbrüste
100 g gemischte Früchte
2 EL Rotweinessig
2 EL Honig
2 EL Honigsenf

Zubereitung

Den Ofen auf 180 °C vorheizen. Hühnerbrüste in eine Auflaufform geben.

Früchte, Essig, Honig und Senf in einen Mixer geben und zu einer glatten Masse verarbeiten. Soße über das Hühnchen geben.

50 bis 60 Minuten in den Ofen geben, bis das Hühnchen durch ist.

HÜHNCHEN MIT APRIKOSEN UND GEMÜSE

KCAL	FETT	CHOLESTERIN	BALLASTSTOFFE
280	13 g	50 Mg	1 g

Zutaten

Für 4 Portionen:
8 Hühnerbrüste
250 ml Hühnerbrühe
5 Aprikosen
3 Karotten
2 Knoblauchzehen
1 Zwiebel
2 EL Pflanzenöl
2 TL Kümmel
2 TL Koriander
1 Prise Salz
1 Prise Pfeffer

Zubereitung

Zwiebel, Knoblauch und Karotten klein schneiden. In einer großen Pfanne Öl erhitzen und Hühnerbrüste darin 5 bis 10 Minuten anbraten, bis sie auf beiden Seiten goldbraun sind. Aus der Pfanne nehmen. Zwiebel und Knoblauch etwa 5 Minuten in der Pfanne anbraten, bis sie goldbraun sind. Kümmel und Koriander hinzugeben und 1 Minute anbraten. Hühnerbrühe, Hühnchen und Karotten in die Pfanne geben und zum Kochen bringen. Gut durchrühren, Topf abdecken und Gericht 30 Minuten köcheln lassen. Aprikosen vorsichtig einrühren. Weitere 5 Minuten bei niedriger Temperatur kochen. Mit Salz und Pfeffer abschmecken.

HÜHNCHENPASTA MIT BOHNEN

KCAL	FETT	CHOLESTERIN	BALLASTSTOFFE
341	5 g	30 Mg	4 g

Zutaten

Für 6 Portionen:
1 Packung Nudeln nach Wahl (z.B. Spirelli)
100 g Pilze
2 Hühnchenbrüste
1 Dose weiße Bohnen
10 Basilikumblätter
1 Knoblauchzehe
1 Zwiebel
1 EL Olivenöl
1 Prise Pfeffer
50 g geriebener Parmesan

Zubereitung

Pilze in Scheiben schneiden. Zwiebel und Knoblauch klein schneiden. Nudeln nach Packungsanleitung kochen

Hühnchenbrust in kleine Stücke schneiden. Öl in einer Pfanne bei mittlerer Temperatur erhitzen und Hühnchen darin 5 Minuten anbraten, bis es leicht anbräunt. Basilikum klein schneiden und mit Hühnchen, Bohnen und Knoblauch in einer großen Schüssel vermengen. In der gleichen Pfanne Pilze und Zwiebeln 5 Minuten anbraten, bis sie weich werden. Mit Nudeln und Hühnchenmischung vermengen. Vor dem Servieren mit Parmesan garnieren.

HÜHNCHENPAELLA

KCAL	FETT	CHOLESTERIN	BALLASTSTOFFE
378	6 g	82 Mg	7 g

Zutaten

Für 4 Portionen:
500 g Hähnchenbrust
400 ml Hühnerbrühe
100 g brauner Reis
80 g TK-Erbsen
2 große Tomaten
2 Stangen Lauch
3 Knoblauchzehen
50 g Petersilie
1 Paprika
1 Zwiebel
1 Zitrone
1 TL Olivenöl
1 TL Estragon

Zubereitung

Lauch in dünne Scheiben schneiden. Knoblauch pressen. Zwiebel in Scheiben schneiden. Tomaten klein schneiden. Petersilie klein hacken. Zitrone vierteln. Hühnchen klein schneiden.

Olivenöl bei mittlerer Temperatur in einer großen Pfanne erhitzen. Knoblauch, Lauch, Zwiebeln und Hähnchen hineingeben und 5 Minuten anbraten, bis das Gemüse glasig wird und das Hühnchen leicht anbräunt. Paprika und Tomaten hinzugeben und weitere 5 Minuten braten. Estragon, Reis und Hühnchen dazugeben und gut verrühren. Zum Kochen bringen.

Anschließend Temperatur reduzieren und 10 Minuten köcheln lassen. Erbsen einrühren. 45 bis 60 Minuten köcheln lassen, bis der Reich weich und die Flüssigkeit absorbiert ist. Mit Petersilie und Zitrone garnieren.

ÜBERBACKENES SPICY CHICKEN

KCAL	FETT	CHOLESTERIN	BALLASTSTOFFE
195	9 g	51 Mg	0 g

Zutaten

Für 4 Portionen:
4 Hühnerbrüste
120 g fettarmer Streukäse
70 ml Limettensaft
½ Jalapeño
2 EL Olivenöl
1 Prise Knoblauchpulver
Etwas Salsa

Zubereitung

Die Jalapeño klein schneiden. In einer Auflaufform Olivenöl, Limettensaft, Jalapeño und Knoblauchpulver vermengen. Hühnerbrust hinzugeben und mindestens 45 Minuten im Kühlschrank marinieren. Nach der Hälfte der Zeit die Hühnerbrüste einmal umdrehen. Hühnchen aus der Marinade nehmen. Etwas Öl in einer Pfanne erhitzen und Hühnchen darin etwa 7 Minuten anbraten. Umdrehen und weitere 7 Minuten braten. Etwas Käse auf das Hühnchen geben und weiter braten, bis der Käse schmilzt. Mit Salsa servieren.

HÜHNCHEN AUF ORIENTALISCHE ART

KCAL	FETT	CHOLESTERIN	BALLASTSTOFFE
586	31 g	65 Mg	5 g

Zutaten

Für 6 Portionen:
8 Hühnerbrüste
8 Kartoffeln
4 Knoblauchzehen
100 ml Zitronensaft
50 ml Olivenöl
1 Prise Salz
1 Prise Pfeffer

Zubereitung

Den Ofen auf 220 °C vorheizen. Kartoffeln schälen und vierteln. Knoblauchzehen zerdrücken. Hühnchenbrust klein schneiden

Hühnchen und Kartoffeln in eine Auflaufform geben. Mit Pfeffer und Salz abschmecken.

Olivenöl, Knoblauch und Zitronensaft in einer Schüssel vermengen. Über das Hühnchen und die Kartoffeln geben.

Auflaufform mit Aluminiumfolie abdecken und 30 Minuten in den Ofen geben. Anschließend Folie abnehmen und Temperatur auf 245 °C erhöhen. 30 weitere Minuten braten, bis das Hühnchen und die Kartoffeln angebräunt sind.

SPARGEL-HÄHNCHEN-NUDELN

KCAL	FETT	CHOLESTERIN	BALLASTSTOFFE
433	9 g	75 Mg	11 g

Zutaten

Für 2 Portionen:
1 Packung Vollkornpenne
100 g Spargel
1 Dose gewürfelte Tomaten
170 g Hühnerbrust
2 Knoblauchzehen
2 TL Basilikum
1 EL Ziegenkäse
1 TL geriebener Parmesan

Zubereitung

Nudeln nach Packungsanleitung kochen. Knoblauch pressen. Hühnchen und Spargel klein schneiden.

Wasser in einem Topf zum Kochen bringen. Spargel hineingeben und 2 bis 3 Minuten kochen.

Etwas Öl in eine Pfanne geben. Hühnchen und Knoblauch bei mittlerer Hitze 5 bis 7 Minuten anbraten, bis das Hühnchen goldbraun ist. Tomaten und Basilikum hinzugeben und 1 Minute köcheln lassen.

Hühnchenmischung, Spargel, Pasta und Ziegenkäse in einer großen Schüssel vermengen, sodass alles gleichmäßig verteilt ist. Mit etwas Parmesan servieren.

SCHNELLER NUDELAUFLAUF

KCAL	FETT	CHOLESTERIN	BALLASTSTOFFE
218	2 g	46 Mg	4 g

Zutaten

Für 6 Portionen:
1 Packung Vollkornspaghetti
500 g Hühnchenbrust
1 Dose passierte Tomaten
150 g Tomatenmark
1 Ei
150 g Hüttenkäse
100 g fettarmer Streukäse
½ Zwiebel
½ grüne Paprika
1 TL Zucker
1 TL Oregano
1 Prise Knoblauchpulver

Zubereitung

Ofen auf 180 °C vorheizen. Spaghetti nach Packungsanleitung zubereiten. Hühnchenbrust in Scheiben schneiden. Zwiebel und Paprika klein schneiden.

Nudeln mit dem Ei vermengen. In eine Auflaufform geben und Hüttenkäse darüber geben.

In einer großen Pfanne Hühnchen, Zwiebel und Paprika braten, bis das Hühnchen durch und das Gemüse weich ist. Die übrigen Zutaten bis auf den Käse dazugeben und erwärmen.

Mischung auf die Nudeln geben und 15 Minuten backen. Mit Mozzarella bestreuen und 5 weitere Minuten in den Ofen geben.

NATURREIS MIT HÜHNCHEN

KCAL	FETT	CHOLESTERIN	BALLASTSTOFFE
313	3 g	55 Mg	4 g

Zutaten

Für 6 Portionen:
500 g Hühnchenbrust
400 ml Hühnerbrühe
300 ml trockener Weißwein
100 g Naturreis
100 g Parboiled Reis
3 Zwiebeln
2 Stangen Sellerie
1 TL Estragon

Zubereitung

Sellerie klein schneiden. Hühnchen und Zwiebeln klein schneiden. Ofen auf 150 °C vorheizen.

Hühnchen, Zwiebeln, Sellerie, 200 ml Hühnerbrühe und Estragon in eine Pfanne geben. Bei mittlerer Temperatur 10 Minuten kochen, bis das Hühnchen und das Gemüse durch sind.

Wein, Reis und 200 ml Hühnchenbrühe in eine Auflaufform geben und 30 Minuten ziehen lassen. Gemüse und Hühnchen hinzugeben und 60 Minuten in den Ofen geben. Zwischendurch prüfen, ob der Reis zu trocken wird und gegebenenfalls etwas mehr Flüssigkeit hinzufügen. Sofort genießen.

GEMÜSEPASTA

KCAL	FETT	CHOLESTERIN	BALLASTSTOFFE
297	9 g	74 Mg	2 g

Zutaten

Für 4 Portionen:
2 Hühnerbrüste
15 Cocktailtomaten
1 Packung Vollkornspaghetti
200 ml fettarme Milch
1 Zucchini
10 Pilze
3 EL Olivenöl
2 EL geriebener Parmesankäse
1 Prise Basilikum
1 Prise Pfeffer

Zubereitung

Nudeln nach Packungsanleitung kochen. Zucchini und Tomaten klein schneiden. Pilze in Streifen schneiden. Knoblauch pressen. 1 EL Öl in eine Pfanne geben und Hühnchen darin bei mittlerer Temperatur 7 Minuten braten. Umdrehen und weitere 7 Minuten braten. Anschließend Fleisch aus der Pfanne nehmen und in Würfel schneiden

Restliches Öl in die Pfanne geben. Zucchini, Pilze, Basilikum und Knoblauch darin 2 bis 3 Minuten anbraten, bis das Gemüse weich ist.

Abgesiehte Pasta in die Pfanne geben. Milch und Zucchini hinzugeben und alles gut durchwärmen. Tomaten, Käse und Pfeffer unterrühren.

BAUERNTOPF MIT HÜHNCHEN

KCAL	FETT	CHOLESTERIN	BALLASTSTOFFE
266	8 g	66 Mg	6 g

Zutaten

Für 4 Portionen:
4 Hühnchenbrüste
1 Dose gewürfelte Tomaten
250 g Pilze
2 Zucchini
1 kleine Aubergine
1 grüne Paprika
2 TL Basilikum
2 Zweige Petersilie
1 Knoblauchzehe
1 TL Pflanzenöl
1 Prise Pfeffer

Zubereitung

Hühnchen und Aubergine in Würfel schneiden. Zucchini in dünne Scheiben schneiden. Petersilie hacken.

In einer großen Pfanne Öl erhitzen. Hühnchen hinzugeben und 3 Minuten braten, bis es leicht anbräunt. Aubergine, Zucchini, Paprika, Zwiebel und Pilze hinzugeben. Unter gelegentlichem Rühren 15 Minuten braten.

Petersilie, Knoblauch, Tomaten, Basilikum, Salz und Pfeffer hinzugeben. Unter gelegentlichem Rühren 5 weitere Minuten kochen, bis das Hühnchen durch ist.

FISCH AUF FRANZÖSISCH ART

KCAL	FETT	CHOLESTERIN	BALLASTSTOFFE
276	9 g	49 Mg	3 g

Zutaten

Für 4 Portionen:
500 g Pilze
500 g Kartoffeln
400 g Kabeljaufilet
2 EL Olivenöl
2 Knoblauchzehen
4 TL Zitronensaft
1 TL Kräuter der Provence
1 Prise Salz
1 Prise Pfeffer

Zubereitung

Pilze entstielen und in Scheiben schneiden. Kartoffeln in Würfel schneiden. Knoblauch klein schneiden.

Ofen auf 220 °C vorheizen. In einer großen Schüssel Kartoffeln, Salz, 1 EL Öl, Pilze und Pfeffer vermengen. In eine Auflaufform füllen und 30 bis 40 Minuten in den Backofen geben, bis das Gemüse weich ist.

Gemüse einrühren, dann Knoblauch untermengen. Fischfilets darauf betten und mit restlichem Öl und Zitronensaft beträufeln. Kräuter der Provence über die Form geben. 10 bis 15 Minuten weiterbacken, bis sich die Haut vom Fisch leicht löst.

FISCH-COUSCOUS

KCAL	FETT	CHOLESTERIN	BALLASTSTOFFE
357	10 g	25 Mg	8 g

Zutaten

Für 4 Portionen:
200 g grüne Bohnen
150 g Couscous
2 große Karotten
2 EL Olivenöl

Zubereitung

Sellerie klein schneiden. Hühnchen und Zwiebeln klein schneiden. Ofen auf 150 °C vorheizen.

Hühnchen, Zwiebeln, Sellerie, 200 ml Hühnerbrühe und Estragon in eine Pfanne geben. Bei mittlerer Temperatur 10 Minuten kochen, bis das Hühnchen und das Gemüse durch sind.

Wein, Reis und 200 ml Hühnerbrühe in eine Auflaufform geben und 30 Minuten ziehen lassen. Gemüse und Hühnchen hinzugeben und 60 Minuten in den Ofen geben. Zwischendurch prüfen, ob der Reis zu trocken wird und gegebenenfalls etwas mehr Flüssigkeit hinzufügen. Sofort genießen.

LACHS-SCHASCHLIK

KCAL	FETT	CHOLESTERIN	BALLASTSTOFFE
561	43 g	83 Mg	2 g

Zutaten

Für 2 Portionen:
2 Lachsfilets
70 ml Zitronensaft
50 ml Weißwein
50 ml Olivenöl
2 EL Petersilie
1 EL Minze
1 EL Dill
2 TL Knoblauchpulver
1 Prise Chiliflocken

Zubereitung

Lachs in Würfel schneiden.

Lachs in eine Auflaufform legen. Minze, Wein, Zitronensaft, Dill, Knoblauchpulver, Petersilie und Chiliflocken in einer Schüssel vermengen. Öl unter Rühren vorsichtig hinzuschütten. Die Mischung über dem Fisch verteilen. Anschließend maximal 30 Minuten im Kühlschrank marinieren lassen.

Fisch auf Schaschlikspießen auffädeln. Auf einen aufgewärmten Grill oder in einer Grillpfanne jeweils 4 Minuten pro Seite grillen, bis die Mitte des Fischs durchsichtig wird. Sofort genießen.

MARINIERTES THUNFISCHFILET

KCAL	FETT	CHOLESTERIN	BALLASTSTOFFE
275	16 g	43 Mg	0 g

Zutaten

Für 4 Portionen:
500 g Thunfischfilet
70 ml Rotweinessig
3 EL Olivenöl
1 EL scharfer Dijon-Senf
1 EL Honig

Zubereitung

Essig, Senf, Honig und Olivenöl in ein verschraubbares Glas oder ein ähnliches schließbares Behältnis geben. Kräftig schütteln, um alle Zutaten zu durchmischen.

Fisch in einen verschließbaren Plastikbeutel geben. Marinade mit hineinschütten und Beutel verschließen. Fisch etwa 20 Minuten marinieren lassen.

Thunfisch aus dem Beutel nehmen. Übrige Marinade in eine kleine Pfanne geben und zum Kochen bringen. Anschließend von der Herdplatte nehmen und abkühlen lassen.

Fisch auf einem vorgewärmten Grill oder in einer Grillpfanne 2 Minuten bei hoher Temperatur auf beiden Seiten braten. Vor dem Servieren mit der heißen Marinade beträufeln.

KRÄUTERBARSCH

KCAL	FETT	CHOLESTERIN	BALLASTSTOFFE
277	7 g	95 Mg	0 g

Zutaten

Für 4 Portionen:
1 kg Barschfilet
100 ml Weißwein
2 Lorbeerblätter
1 Zwiebel
1 EL Olivenöl
1 Prise Knoblauchpulver
1 Prise Majoran
1 Prise Thymian
1 Prise Pfeffer

Zubereitung

Ofen auf 180 °C vorheizen. Zwiebel klein schneiden.

Fisch waschen, trocken tupfen und in eine Auflaufform geben. Öl mit Knoblauchpulver, Majoran, Thymian und Pfeffer vermengen und über den Fisch geben.

Zwiebeln und Lorbeerblätter ebenfalls darüber verstreuen. Weißwein in die Auflaufform schütten.

20 bis 30 Minuten in den Ofen geben, bis sich die Haut langsam vom Filet ablöst.

FISCH-TACOS

KCAL	FETT	CHOLESTERIN	BALLASTSTOFFE
140	3 g	17 Mg	2 g

Zutaten

Für 12 Portionen:
12 kleine Maistortillas
4 Dosen Thunfisch im eigenen Saft
4 Tomaten
4 Frühlingszwiebeln
2 Knoblauchzehen
1 EL Olivenöl
2 TL Kümmel
1 Prise Chiliflocken
Ein paar Spritzer Chilisauce
1 Prise Salz
1 Prise Pfeffer

Zubereitung

Knoblauch pressen. Frühlingszwiebeln in Scheiben schneiden. Thunfisch abtropfen. Tomaten in Würfel schneiden.

In einer Pfanne Olivenöl bei mittlerer Temperatur erhitzen. Kümmel, Frühlingszwiebeln, Tomaten, Knoblauch und Oregano 5 Minuten anbraten, bis die Tomaten weich werden. Temperatur reduzieren. Thunfisch dazugeben und einführen. Mit Salz, Pfeffer und Chiliflocken abschmecken. Pfanne abdecken und 2 bis 3 Minuten weiter erhitzen.

Tortillas für 15 bis 20 Sekunden in der Mikrowelle erwärmen. Thunfischmischung in die Tortillas geben. Vor dem Servieren etwas Chilisauce auf die Tacos geben.

ZACKENBARSCH MIT GEMÜSE

KCAL	FETT	CHOLESTERIN	BALLASTSTOFFE
359	30 g	35 Mg	2 g

Zutaten

Für 4 Portionen:
4 Zackenbarschfilets
6 Cocktail-Tomaten
4 kleine Auberginen
2 EL Olivenöl
1 EL Oregano
1 EL Basilikum
1 Prise Salz
1 Prise Pfeffer

Zubereitung

Ofen auf 200 °C vorheizen. Auberginen in Scheiben schneiden. 5 Tomaten würfeln, 1 Tomate in Scheiben schneiden. 1 Auflaufform mit Alufolie auskleiden.

Oregano, Olivenöl, Salz, Basilikum und Pfeffer in einer großen Schüssel verrühren. Auberginen und gewürfelte Tomaten dazugeben und mit der Ölmischung marinieren.

Fischfilets in die Mitte der Auflaufform geben und Gemüse an den Seiten verteilen.

Form 30 bis 40 Minuten in den Ofen geben, bis die Auberginen weich sind und die Haut sich vom Fisch löst.

HEILBUTT IN TOMATENSAUCE

KCAL	FETT	CHOLESTERIN	BALLASTSTOFFE
55	4 g	55 Mg	1 g

Zutaten

Für 4 Portionen:
4 Heilbuttfilets
2 Tomaten
1 Knoblauchzehe
2 EL Basilikum
2 TL Olivenöl
1 TL Oregano

Zubereitung

Knoblauch pressen. Tomaten in Würfel schneiden. Ofen auf 180 °C vorheizen. Eine Auflaufform einfetten.

Basilikum, Oregano, Tomaten und Knoblauch in einer kleinen Schüssel vermengen. Olivenöl dazugeben und umrühren.

Filets in die Auflaufform geben. Tomatensauce darüber verteilen. 10 bis 15 Minuten in den Ofen geben, bis der Fisch leicht durchscheinend wird. Sofort genießen.

WELS IM LOUISIANA-STYLE

KCAL	FETT	CHOLESTERIN	BALLASTSTOFFE
260	14 g	71 Mg	2 g

Zutaten

Für 6 Portionen:
1 kg Welsfilet
1 Dose passierte Tomaten
2 Zwiebeln
1 Stange Sellerie
1 Zitrone
½ Paprika
1 Knoblauchzehe
1 EL Olivenöl
1 EL Worcestershire-Sauce
1 TL Paprikapulver
1 Lorbeerblatt
1 Prise Thymian
1 Spritzer Chilisauce

Zubereitung

Zwiebeln, Sellerie und Paprika klein schneiden. Knoblauch pressen.

Öl in einer großen Pfanne bei mittlerer Temperatur erhitzen. Zwiebel, Sellerie, Paprika und Knoblauch darin anbraten, bis das Gemüse weich ist. Tomaten hinzufügen. Zitronen in Scheiben schneiden und mit Worcestershire-Sauce, Paprikapulver, Lorbeerblatt, Thymian und Chilisauce dazugeben. Unter gelegentlichem Rühren 15 Minuten kochen, bis die Sauce leicht andickt,

Fischfilets in die Sauce drücken und etwas Sauce auf die Filets löffeln. Pfanne abdecken und 10 Minuten lang köcheln lassen, bis sich die Haut leicht vom Filet lösen lässt.

TERIYAKI-LACHS

KCAL	FETT	CHOLESTERIN	BALLASTSTOFFE
163	3 g	36 Mg	0 g

Zutaten

Für 4 Portionen:
500 g Lachsfilet
100 ml Teriyaki-Sauce
2 EL Sesamkörner
2 EL Pflanzenöl
1 EL Mehl
1 Prise Pfeffer

Zubereitung

Filets in eine Auflaufform geben. Teriyaki-Sauce über den Fisch geben. Mindestens 30 Minuten, am besten über Nacht in den Kühlschrank geben.

Ofen auf 230 °C vorheizen. Sesamkörner, Mehl und Pfeffer in einer Schüssel vermengen. Die Filets in die Panade eintunken.

Auflaufform reinigen. Mit etwas Öl einfetten. Filets in die Auflaufform geben und Öl auf die Oberseiten geben. 15 Minuten in den Ofen geben, bis der Fisch goldbraun ist.

ASIATISCHE FISCHSUPPE

KCAL	FETT	CHOLESTERIN	BALLASTSTOFFE
275	18 g	53 Mg	1 g

Zutaten

Für 8 Portionen:
1 kg Welsfilet
1,6 Liter Hühnerbrühe
200 g Reis
2 Zwiebeln
1 Stange Sellerie
1 Pak Choi
50 ml Limettensaft
1 EL Sesamöl
1 TL Ingwerpulver
1 TL Knoblauchpulver
1 TL Currypulver
1 Prise Chiliflocken
1 Prise Pfeffer

Zubereitung

Reis nach Packungsanleitung zubereiten. Zwiebeln in dünne Scheiben schneiden. Sellerie in Scheiben schneiden. Pak Choi in dünne Streifen schneiden. Wels in kleine Stücke schneiden.

Wels, Limettensaft und Chiliflocken vermengen. An die Seite stellen.

Sesamöl in einem großen Topf erhitzen. Zwiebeln, Sellerie, Pak Choi, Ingwer und Knoblauch 1 Minute darin anbraten. Mit Currypulver bestreuen. Temperatur reduzieren.

Hühnerbrühe hinzugeben und zum Kochen bringen. Welsmischung einrühren und 3 Minuten köcheln lassen, bis der Fisch durch ist.

Reis in Suppentellern verteilen und Suppe darüber geben.

BUNTBARSCH MIT KNOBLAUCH

KCAL	FETT	CHOLESTERIN	BALLASTSTOFFE
217	12 g	42 Mg	5 g

Zutaten

Für 4 Portionen:
4 Buntbarschfilets
4 Knoblauchzehen
1 Zwiebel
3 EL Olivenöl
1 Prise Cayenne-Pfeffer

Zubereitung

Zwiebel klein schneiden. Knoblauch pressen.

Fischfilets mit Knoblauch einreiben. In eine Auflaufform geben und mit Olivenöl beträufeln. Zwiebel über den Filets verteilen. Fisch über Nacht im Kühlschrank marinieren lassen.

Ofen auf 180 °C vorheizen. Fisch mit Salz und Cayenne-Pfeffer würzen. Auflaufform 30 Minuten in den Ofen geben, bis sich die Haut vom Fisch löst.

WELS MIT NUSSIGER KRUSTE

KCAL	FETT	CHOLESTERIN	BALLASTSTOFFE
364	29 g	54 Mg	3 g

Zutaten

Für 4 Portionen:
500 g Welsfilets
150g Pekannüsse
50 ml fettarme Milch
6 EL Dijon-Senf

Zubereitung

Den Ofen auf 230 °C vorheizen. Ein Backblech mit Backpapier auslegen. Pekannüsse in einem Mixer zu einer grobkörnigen Masse verarbeiten.

Senf und Milch in einem flachen Teller vermengen. Pekannüsse auf einen zweiten Teller geben.

Filets erst in die Senfmischung und dann in den Pekannüssen wälzen.

Auf das Backblech geben und 10 bis 12 Minuten in den Ofen geben, bis der Fisch sich leicht zerstückeln lässt.

ITALIENISCHE QUICHE

KCAL	FETT	CHOLESTERIN	BALLASTSTOFFE
188	7 g	13 Mg	2 g

Zutaten

Für 4 Portionen:
150 g fettarmer Reibekäse
100 ml fettarme Milch
3 Eier
4 Tomaten
2 Zwiebeln
2 EL Mehl
2 TL Basilikum
1 EL Olivenöl
1 Prise Salz

Zubereitung

Tomaten und Zwiebeln in Scheiben schneiden. Eine kleine Springform einfetten. Ofen auf 200 °C vorheizen. In einer großen Pfanne Olivenöl bei mittlerer Temperatur erhitzen. Zwiebeln anbraten, bis sie glasig werden. Anschließend aus der Pfanne entfernen. Tomaten mit Mehl und Basilikum bestreuen und jeweils 1 Minute auf beiden Seiten anbraten.

Eier, Salz, Pfeffer und Milch in einer kleinen Schüssel verrühren. Die Hälfte des Käses in die Springform geben. Darauf die Zwiebeln geben, dann die Tomaten verteilen. Eimischung über das Gemüse geben. Abschließend restlichen Käse auf die Quiche streuen. 15 bis 20 Minuten in den Ofen geben, bis die Füllung goldbraun ist. Warm servieren.

NUDELN MIT GEBRATENEM GEMÜSE

KCAL	FETT	CHOLESTERIN	BALLASTSTOFFE
449	19 g	8 Mg	3 g

Zutaten

Für 4 Portionen:
1 Packung Vollkornpenne
750 g Auberginen
500g gewürfelte Tomaten in der Dose
50 g Feta
4 EL Olivenöl
2 TL Oregano
50 g Basilikum
1 Knoblauchzehe
1 Prise Pfeffer
1 Prise Salz
1 Prise Paprikapulver

Zubereitung

Nudeln nach Packungsanleitung zubereiten. Tomaten klein schneiden. Auberginen in Scheiben schneiden. Basilikum klein hacken.

In einer großen Schüssel 3 EL Öl, Paprikapulver, Tomaten, Knoblauch, Pfeffer, Oregano und Salz vermengen. 1 EL Öl auf die Auberginen streichen. In einer Grillpfanne bei mittlerer Temperatur 4 Minuten auf beiden Seiten anbraten. 10 Minuten abkühlen lassen und klein schneiden. Zu Tomaten und Basilikum geben.

Nudeln mit der Tomatenmischung servieren. Vor dem Servieren Feta auf die Nudeln geben.

BUNTE TAHIN-BOWL

KCAL	FETT	CHOLESTERIN	BALLASTSTOFFE
361	10 g	1 Mg	6 g

Zutaten

Für 1 Portion:
100 ml Wasser
100 g Linsen
100 g Cashewkerne
100 g Quinoa
50 g rote Beete
½ Paprika
50 g Rotkohl
1 Karotte
¼ Gurke
4 Stängel Petersilie
1 EL Olivenöl
1 TL Apfelessig
1 TL Sojasauce
1 Prise Salz

Zubereitung

Quinoa und Linsen nach Packungsanleitung separat kochen. Rote Beete klein schneiden. Paprika würfeln. Paprika und Rotkohl klein raspeln. Gurke in Scheiben schneiden.

Wasser, Sojasauce, Cashews, Apfelessig, Öl, Petersilie und Salz in einen Mixer geben und zu einer glatten Masse bearbeiten.

Linsen und Quinoa in einer Schüssel vermengen. Rotkohl, Karotten, Rote Beete, Paprika und Gurke darauf verteilen. Sauce auf der Bowl verteilen.

ÜBERBACKENE BOHNEN

KCAL	FETT	CHOLESTERIN	BALLASTSTOFFE
334	3 g	11 Mg	11 g

Zutaten

Für 6 Portionen:
400 g Reis
400 g schwarze Bohnen
200 ml Salsa
150g fettarmer Reibekäse

Zubereitung

Reis nach Packungsanleitung zubereiten. Die Hälfte der Bohnen mit einem Kartoffelstampfer zu Brei verarbeiten. Ofen auf 190 °C vorheizen.

Bohnenmus in einer Auflaufform verteilen. Reis darauf geben. Restliche Bohnen auf dem Reis verteilen. Als nächste Schicht Salz in die Form geben, zum Schluss alles mit Käse bestreuen.

15 bis 20 Minuten in den Ofen geben oder bis der Käse geschmolzen ist.

HUMMUS-SANDWICH

KCAL	FETT	CHOLESTERIN	BALLASTSTOFFE
325	14 g	0 Mg	1 g

Zutaten

Für 6 Portionen:
2 Scheiben Vollkorntoast
¼ Paprika
¼ Gurke
50 g Eisbergsalat
½ Karotte
3 EL Hummus
¼ Avocado

Zubereitung

Paprika in Streifen schneiden. Gurke in Scheiben schneiden. Eisbergsalat klein schneiden. Karotte klein raspeln. Avocado schälen, entkernen und mit einer Gabel zu Brei verarbeiten.

Hummus auf eine Scheibe Toast geben, Avocado auf der anderen Brotscheibe verteilen. Salat, Gurke, Paprika und Karotten auf einer Hälfte verteilen, andere Hälfte darauf geben.

Vor dem Servieren Sandwich diagonal halbieren.

MAISSUPPE

KCAL	FETT	CHOLESTERIN	BALLASTSTOFFE
278	4 g	3 Mg	5 g

Zutaten

Für 6 Portionen:
800 ml fettarme Milch
400 ml Hühnerbrühe
3 Dosen Mais
2 Zwiebeln
2 Kartoffeln
½ Stange Sellerie
½ Karotte
2 EL Mehl
1 EL Olivenöl
1 Prise Pfeffer

Zubereitung

Zwiebel klein schneiden. Sellerie und Karotte in Scheiben schneiden. Kartoffeln schälen und würfeln.

Öl in einem großen Topf erhitzen. Zwiebel, Sellerie und Karotten darin bei mittlerer Temperatur anbraten, bis das Gemüse weich ist.

Mehl darauf streuen und 3 Minuten unter häufigem Rühren braten.

Brühe und Milch einrühren. Kartoffeln und Mais hinzugeben. 25 Minuten köcheln lassen, bis die Kartoffeln weich werden. Mit Pfeffer abschmecken.

FOCACCIA MIT GEGRILLTEM GEMÜSE

KCAL	FETT	CHOLESTERIN	BALLASTSTOFFE
192	10 g	20 Mg	2 g

Zutaten

Für 4 Portionen:
8 Scheiben Focaccia-Brot
8 Scheiben fettarmer Käse
50 g Pilze
2 Tomaten
¾ Aubergine
½ Zucchini
½ rote Zwiebel
2 EL Olivenöl

Zubereitung

Pilze, Zucchini, Zwiebel, Tomate und Aubergine in Scheiben schneiden.

Öl in eine Pfanne geben und bei mittlerer Temperatur erhitzen. Zucchini, Aubergine, Zwiebel, Pilze und Tomate anbraten, bis sie weich werden.

Gemüse auf dem Brot verteilen. 1 Scheibe Käse darüber geben.

Nach Belieben ein paar Minuten in den Ofen geben, um das Sandwich zu überbacken.

VEGGIE-LASAGNE

KCAL	FETT	CHOLESTERIN	BALLASTSTOFFE
376	15 g	21 Mg	6 g

Zutaten

Für 12 Portionen:
600 ml Tomatensauce
450 g Ricotta
350 g TK-Spinat
1 Packung Lasagneplatten
150 g fettarmer Reibekäse
50 g geriebener Parmesan
1 Zwiebel
2 Eier
2 EL Olivenöl
2 TL getrocknete Petersilie

Zubereitung

Zwiebel klein schneiden. Ofen auf 180 °C vorheizen.

In einer großen Pfanne Öl bei mittlerer Temperatur erhitzen. Zwiebeln kurz darin anbraten. Tomatensauce in die Pfanne geben.

Spinat, Ricotta, Parmesan, 120 g Streukäse, Petersilie und Ei in einer großen Schüssel vermengen.

Eine Auflaufform einfetten. Eine Schichte Tomatensauce in die Form geben. Nacheinander Lasagneplatten, Tomatensauce und Ricotta in dieser Reihenfolge immer wieder schichten. Mit Tomatensauce abschließen und restlichen Streukäse auf der Lasagne verteilen.

Mit Aluminiumfolie abdecken und 60 bis 75 Minuten in den Ofen geben, bis Blasen entstehen. Anschließend Folie entfernen und 10 weitere Minuten backen.

DESSERTS

KÄSEKUCHEN

KCAL	FETT	CHOLESTERIN	BALLASTSTOFFE
255	9 g	37 Mg	0 g

Zutaten

Für 12 Portionen:
320 g fettarmer Frischkäse
300 g fettarme Crème fraîche
300 g fettarmer Hüttenkäse
200 g Butterkekse
150 g Zucker
50 g Walnüsse
50 ml Orangensaft
30 g Maisstärke
1 Ei
3 Eiweiß
2 EL Zitronensaft
2 EL geschmolzene Margarine
2 EL Orangensaft
1 TL Vanillearoma

Zubereitung

Die Kekse in einem Mixer zerkleinern. Die Walnüsse klein schneiden. Den Ofen auf 180 °C vorheizen.

In einer mittelgroßen Schüssel Kekse, Walnüsse, Butter und 2 EL Orangensaft verrühren, bis eine glatte Masse entsteht. Auf den Boden und an den Rand einer kleinen Springform drücken. In den Kühlschrank stellen.

Hüttenkäse, Zucker, restlichen Orangensaft und Zitronensaft in einen Mixer geben und durchmixen, bis eine glatte Masse entsteht.

Frischkäse und Crème fraîche in eine Schüssel geben und gut durchrühren. Ei hinzufügen und wieder gut verrühren. Hüttenkäsemischung dazugeben und gut vermengen. Eiweiß, Maisstärke und Vanille hineinrühren und verrühren, bis eine glatte Masse entsteht.

Frischkäsemischung auf den Boden geben. 50 bis 60 Minuten backen, bis der Kuchen an den Rändern fest, aber in der Mitte noch weich ist. Aus dem Ofen nehmen und auf ein Küchengitter stellen. 1 Stunde abkühlen lassen. Mit Alufolie abdecken und 4 weitere Stunden im Kühlschrank abkühlen lassen.

BALSAMICO-ERDBEEREN MIT RICOTTA

KCAL	FETT	CHOLESTERIN	BALLASTSTOFFE
180	5 g	20 Mg	2 g

Zutaten

Für 4 Portionen:
500 g Erdbeeren
150 g fettarmer Ricotta
3 EL Balsamicoessig
2 EL Honig
2 EL Zucker
2 Basilikumblätter
½ TL Vanillearoma

Zubereitung

Basilikum und Erdbeeren klein schneiden. Ricotta, Honig und Vanille in einen Mixer geben und etwa 1 Minute durchmixen, bis eine glatte Masse entsteht. In eine kleine Schüssel geben und mindestens 2 Stunden in den Kühlschrank tun.

In einer kleinen Pfanne Essig und Zucker verrühren und zum Kochen bringen. Bei mittlerer Temperatur 2 Minuten unter gelegentlichem Rühren köcheln. Anschließend abkühlen lassen.

In einer Schüssel Erdbeeren mit Basilikum und Balsamicomischung vermengen. Ricotta in Schüsseln geben und mit den Erdbeeren toppen.

FRISCHE LIMETTENCREME MIT HEIDELBEEREN

KCAL	FETT	CHOLESTERIN	BALLASTSTOFFE
230	3 g	0 Mg	6 g

Zutaten

Für 4 Portionen:
350 g Seidentofu
300 g Heidelbeeren
8 Datteln
3 EL Limettensaft
2 TL Zitronenabrieb
1 TL Vanillearoma
1 Prise Kardamom

Zubereitung

Datteln klein schneiden und mit 1 EL Zitronenabrieb, Zitronensaft, Datteln, Vanille, Kardamom und Tofu in einen Mixer geben. Pürieren, bis eine glatte Masse entsteht.

Zitronencreme mit Heidelbeeren auf vier Schüssel aufteilen und mit Zitronenabrieb garnieren.

GRILLPFLAUMEN

KCAL	FETT	CHOLESTERIN	BALLASTSTOFFE
183	8 g	0 Mg	2 g

Zutaten

Für 4 Portionen:
150 g Joghurt
50 Walnüsse
6 Pflaumen
2 EL Pflanzenöl
2 EL Honig
2 TL Orangensaft
2 TL Orangenabrieb
1 Prise Kardamom
1 Prise Zimt

Zubereitung

Pflaumen halbieren und entkernen. Die Innenseite mit Öl einpinseln und mit 1 EL Honig beträufeln. Mit Zimt und 1 TL Orangenabrieb bestreuen. Pflaumen auf einen aufgewärmten Grill oder in eine Grillpfanne geben und mit der Innenseite nach unten 2 Minuten grillen, bis sie goldbraun werden. Pflaumen umdrehen und 1 weitere Minute auf der anderen Seite grillen.

Walnüsse klein hacken und in einer Pfanne ohne Öl anrösten. Joghurt, 1 EL Honig, Orangensaft, 1 TL Orangenabrieb, Zimt und Walnüsse in einer kleinen Schüssel vermengen. Pflaumen mit Joghurtsauce servieren.

ERDBEER-BUTTERMILCH-EIS

KCAL	FETT	CHOLESTERIN	BALLASTSTOFFE
111	2 g	7 Mg	1 g

Zutaten

Für 8 Portionen:
500 ml Buttermilch
200 g Erdbeeren
100g fettarme Sahne
50 g Zucker
2 TL Zitronensaft
1 TL Vanillearoma
1 Prise Salz

Zubereitung

Erdbeeren klein schneiden. Die Hälfte mit dem Zucker vermengen. 10 Minuten stehen lassen, bis sich der Zucker aufgelöst hat, dabei gelegentlich umrühren. Erdbeeren in einen Mixer geben und pürieren, bis eine glatte Masse entsteht.

In einer Schüssel Buttermilch, Sahne, Zitronensaft, Vanille und Salz vermengen. Erdbeeren durch ein feines Sieb in die Schüssel geben. Masse durchrühren, abdecken und für mindestens 2 Stunden bis zu einem Tag in den Kühlschrank geben. Mischung durchrühren und in eine Eismaschine geben. Nach Anleitung frieren. In den letzten fünf Minuten des Vorgangs die restlichen Erdbeeren dazugeben.

EINFACHE ZITRONENKEKSE

KCAL	FETT	CHOLESTERIN	BALLASTSTOFFE
103	7 g	8 Mg	2 g

Zutaten

Für 24 Kekse:
270 g Mandeln ohne Haut
75 g Zucker
4 TL Zitronenabrieb
1 Ei
1 TL Zimt
1 Prise Salz

Zubereitung

24 Mandeln zur Seite legen. Den Ofen auf 180 °C vorheizen. Zwei Backbleche mit Backpapier auslegen.

Mandeln in einen Mixer geben und zu einer mehlartigen Masse zerkleinern. Zucker, Zitronenabrieb, Salz und Ei hinzugeben. Einige Male kurz den Mixer betätigen, bis der Teig sich zu einer Kugel formt.

Den Teig in 24 teelöffelgroße Kugeln formen. Mit 2,5 Zentimeter Abstand auf dem Blech platzieren und mit Zimt bestreuen. Jeweils eine Mandel auf einen Keks geben.

Die Kekse 16 Minuten in den Ofen geben, bis die Ränder goldbraun werden. Vor dem Servieren abkühlen lassen.

KAROTTENKEKSE

KCAL	FETT	CHOLESTERIN	BALLASTSTOFFE
83	6 g	0 Mg	1 g

Zutaten

Für 30 Kekse:
125 g Vollkornmehl
125 g Haferflocken
90 g Walnüsse
7 Karotten
100 ml Ahornsirup
100 ml geschmolzenes Kokosfett
1 TL Backpulver
1 TL geriebener Ingwer
1 Prise Salz

Zubereitung

Den Ofen auf 190 °C vorheizen. Zwei Backbleche mit Backpapier auslegen. Karotten klein raspeln.

In einer großen Schüssel Mehl, Backpulver, Salz und Haferflocken verrühren. Walnüsse und Karotten hinzugeben.

Flüssige Zutaten zu der Mehlmischung geben und gut durchrühren, bis eine glatte Masse entsteht.

Jeweils 1 TL Teig mit etwa 5 Zentimeter Abstand auf den Blechen verteilen. Die Plätzchen 10 bis 12 Minuten in den Ofen geben, bis sie goldbraun werden. Vor dem Servieren abkühlen lassen.

ERDNUSS-SCHOKO-SÜßIGKEIT

KCAL	FETT	CHOLESTERIN	BALLASTSTOFFE
220	14 g	0 Mg	2 g

Zutaten

Für 12 Portionen:
350 g Zartbitterschokoloade
100 g Erdnussbutter
2 EL Honig
50 g Butterkekse
1 Prise Salz

Zubereitung

Ein Muffinblech mit 12 Einwegförmchen auskleiden. Kekse und Salz in einen Mixer geben und zerkleinern. Mischung in eine Schüssel geben und mit Erdnussbutter und Honig vermengen. 10 Minuten stehen lassen.

Aus der Masse 12 Kugeln formen. Leicht eindrücken und in Plastikfolie wickeln. In den Kühlschrank geben.

Schokolade klein hacken und in einem Wasserbad zum Schmelzen bringen. 1 TL Schokolade in jede der Muffinformen geben. 30 Minuten bei Zimmertemperatur abkühlen lassen.

Jeweils 1 Erdnussscheibe auf jede der Formen geben und 1 EL Schokolade darauf geben. 1 Stunde abkühlen lassen, bis die Schokolade fest ist. Anschließend bis zum Servieren in den Kühlschrank geben.

AVOCADOPUDDING

KCAL	FETT	CHOLESTERIN	BALLASTSTOFFE
190	11 g	0 Mg	7 g

Zutaten

Für 6 Portionen:
2 Avocados
1 Banane
75 g Kakaopulver
50 g Datteln
1 TL

Zubereitung

Datteln entkernen und mehrere Stunden in Wasser einweichen lassen.

Alle Zutaten in einen Mixer geben und durchmixen, bis eine glatte Masse entsteht.

Den Pudding vor dem Servieren 3 bis 4 Stunden kalt stellen.

SIMPLER SCHOKOLADENKUCHEN

KCAL	FETT	CHOLESTERIN	BALLASTSTOFFE
159	12 g	35 Mg	2 g

Zutaten

Für 16 Portionen:
120 g Zartbitter-Kuvertüre
100 g Honig
80 g Kokosöl
40 g Kakaopulver
3 Eier

Zubereitung

Ofen auf 190 °C vorheizen. Eine Springform einfetten.

Kuvertüre und Kokosöl in einem Wasserbad zum Schmelzen bringen und verrühren.

In einer Schüssel die Schokoladenmischung mit Kakaopulver, Honig und Eiern verrühren, bis eine glatte Masse entsteht.

Die Masse in die Springform füllen und 20 bis 25 Minuten in den Backofen geben.

Den Kuchen 15 Minuten in der Form abkühlen lassen. Anschließend aus der Form entfernen und vollständig abkühlen lassen.

FRISCHES BANANENMOUSSE MIT RUM

KCAL	FETT	CHOLESTERIN	BALLASTSTOFFE
165	2 g	1 Mg	2 g

Zutaten

Für 4 Portionen:
250 g gefrorener Vanillejoghurt
2 Bananen
3 EL Rum
2 EL Limettensaft
2 EL Puderzucker
4 Zweige Minze

Zubereitung

Rum, Limettensaft, Zucker und Bananen in einen Mixer geben und pürieren, bis eine glatte Masse entsteht.

Joghurt dazu geben und weiter pürieren, bis wieder eine glatte Masse vorliegt.

Sofort genießen oder bis zu 8 Stunden abgedeckt in den Gefrierschrank geben.

PFIRSICH-JOGHURT-DESSERT

KCAL	FETT	CHOLESTERIN	BALLASTSTOFFE
153	1 g	2 Mg	5 g

Zutaten

Für 4 Portionen:
250 g Himbeerjoghurt
200 g frische Himbeeren
4 reife Pfirsiche
2 EL Zucker
1 EL Limettensaft
4 Zweige Minze

Zubereitung

Pfirsiche schälen und klein schneiden. Mit dem Zitronensaft und dem Zucker in einer mittelgroßen Schüssel vermengen und 10 Minuten stehen lassen. Anschließen umrühren, um den Zucker aufzulösen.

Etwas Pfirsichmischung in vier Schüsseln oder Weingläser geben. Erst 1 EL Joghurt und dann ein paar Himbeeren darauf geben. Vorgang wiederholen, dabei wieder mit den Himbeeren abschließen. Abdecken und vor dem Servieren 2 bis 4 Stunden in den Kühlschrank geben. Mit Minze garnieren.

ERDBEER-RHABARBER-APFEL-PARFAIT

KCAL	FETT	CHOLESTERIN	BALLASTSTOFFE
211	4 g	1 Mg	1 g

Zutaten

Für 6 Portionen:
750 g gefrorener Vanillejoghurt
280 g gefrorene Erdbeeren
2 Stangen Rhabarber
100 ml Apfelsaft
60 g Zucker

Zubereitung

Rhabarber in Stücke schneiden. Mit Apfelsaft und Zucker in eine Pfanne geben. Zum Köcheln bringen, dann Temperatur reduzieren und 8 bis 10 Minuten köcheln lassen, bis der Rhabarber weich ist.

Pfanne von der Kochstelle nehmen und sofort Erdbeeren einrühren, dabei darauf achten, dass die Erdbeeren beim Rühren voneinander getrennt werden.

Gefrorenen Joghurt in einem Mixer zu einer glatten Masse pürieren. Abwechselnd Rhabarbermischung und Joghurt in Dessertschüsseln oder Weingläsern schichten, dabei mit der Rharbarbermischung beginnen und enden. Abdecken und 8 Stunden einfrieren, bis die Masse fest ist.

SÜSSSPEISE MIT ÄPFELN UND BIRNEN

KCAL	FETT	CHOLESTERIN	BALLASTSTOFFE
354	10 g	20 Mg	7 g

Zutaten

Für 8 Portionen:
200 g Haferflocken
80 g Mehl
80 g brauner Zucker
50 g geschmolzene Margarine
40 g Vollkornmehl
40 g Zucker
2 Äpfel
3 Birnen
2 EL Zitronensaft
1 TL Zimt
1 Prise Muskatnuss

Zubereitung

Den Ofen auf 180 °C vorheizen. Eine kleine Springform einfetten. Äpfel und Birnen klein schneiden und mit Zitronensaft vermengen. In einer Schüssel mit Zucker, Zimt, und Muskatnuss verrühren. Die Masse in die Springform geben.

In der gleichen Schüssel Haferflocken, Mehl, Vollkornmehl und braunen Zucker vermengen. Geschmolzene Margarine hinzugeben und verrühren, bis Streusel entstehen. Streusel über das Obst geben. Für 35 bis 45 Minuten in den Ofen geben, bis die Streusel braun und knusprig sind. Vor dem Servieren 15 Minuten abkühlen lassen.

PFIRSICHKUCHEN

KCAL	FETT	CHOLESTERIN	BALLASTSTOFFE
294	16 g	19 Mg	2 g

Zutaten

Für 8 Portionen:
200 g Butterkekse
125 g Puderzucker
3 Pfirsiche
1 Packung Light-Frischkäse
100 g Granola
50 g Walnüsse
50 g Kokosflocken
3 EL Pflanzenöl
2 EL geschmolzene Margarine
2 EL Zitronensaft
1 TL Vanillearoma

Zubereitung

Kekse in einem Mixer zerkleinern. Walnüsse klein hacken. Kokosflocken in einer Pfanne ohne Öl anrösten. In einer Schüssel die Kekse mit den Walnüssen vermengen. Öl und geschmolzene Butter hinzugeben und mit einer Gabel verrühren. An den Boden einer kleinen Springform drücken und in den Kühlschrank tun.

Frischkäse mit Puderzucker und Vanille in einer Schüssel vermengen. Schaumig schlagen. Auf den Kuchenboden geben und gleichmäßig verteilen. Pfirsiche schälen, klein schneiden und mit Zitronensaft vermengen. Über der Frischkäsefüllung verteilen. Mit Granola und Kokosnuss toppen. Vor dem Servieren mindestens 4 Stunden kühlen.

VOLLKORN-SCHOKOPLÄTZCHEN

KCAL	FETT	CHOLESTERIN	BALLASTSTOFFE
115	5 g	7 Mg	2 g

Zutaten

Für 48 Kekse:
450 g Mehl
200 g brauner Zucker
150 g dunkle Schokodrops
150 g Haselnüsse
125 g Haferflocken
100 g Apfelmus
50 g Margarine
1 Ei
2 Eiweiß
1 TL Vanillearoma
1 TL Backpulver
1 Prise Salz

Zubereitung

Ofen auf 190 °C vorheizen. Zwei Backbleche mit Backpapier auslegen. Haselnüsse klein hacken. Haferflocken in einem Mixer zu Mehl verarbeiten.

Butter, braunen Zucker und Apfelmus in einer großen Schüssel verrühren. Vanille, Ei und Eiweiß unterrühren, bis alles gut vermengt ist.

Mehl, Hafermehl, Backpulver und Salz hinzugeben und verrühren, bis ein Teig entsteht. Schokoladendrops und Haselnüsse unterrühren.

Teig in 1 TL großen Portionen auf den Blechen verteilen. 7 bis 10 Minuten backen, bis die Kekse goldbraun und fest sind. Vor dem Servieren abkühlen lassen.

PFIRSICH-STREUSEL

KCAL	FETT	CHOLESTERIN	BALLASTSTOFFE
137	4 g	0 Mg	3 g

Zutaten

Für 8 Portionen:
8 Pfirsiche
75 g Vollkornmehl
50 g brauner Zucker
50 g Haferflocken
2 EL Margarine
1 Zitrone
1 Prise Muskatnuss
1 Prise Zimt

Zubereitung

Zitrone auspressen. Pfirsiche schälen, entkernen und klein schneiden.

Ofen auf 190 °C vorheizen. Eine kleine Springform einfetten. Pfirsiche hineingeben und Zitronensaft, Muskatnuss und Zimt darauf geben.

Braunen Zucker und Mehl in einer kleinen Schüssel vermengen. Margarine in die Mehlmischung einkneten. Haferflocken unterrühren. Mehlmischung über die Pfirsiche geben.

Form 30 Minuten in den Ofen geben, bis die Streusel goldbraun werden. Warm servieren.

SÜSSE BANANENCREME

KCAL	FETT	CHOLESTERIN	BALLASTSTOFFE
94	1 g	4 Mg	1 g

Zutaten

Für 4 Portionen:
250 g fettarmer Joghurt
2 Bananen
2 EL fettarme Milch
4 TL Zucker
1 TL Vanillearoma

Zubereitung

Vanille, Zucker, Milch und 1 Banane in einen Mixer geben. Pürieren, bis eine glatte Masse entsteht. Masse in eine Schüssel geben und mit dem Joghurt verrühren. Für 30 Minuten in den Kühlschrank stellen.

Vor dem Servieren die übrige Banane in Scheiben schneiden. Creme in Schalen füllen und mit Bananenscheiben garnieren.

APRIKOSEN-CRÊPES

KCAL	FETT	CHOLESTERIN	BALLASTSTOFFE
234	7 g	2 Mg	4 g

Zutaten

Für 4 Portionen:
160 ml Buttermilch
175 ml Wasser
150 ml
75 g Dinkelmehl
50 g Vollkornmehl
50 g Aprikosenmarmelade
50 g fettarme Crème fraîche
1 Eiweiß
3 EL Mandeln
2 EL Distelöl
1 EL Brandy
1 Prise Salz

Zubereitung

Dinkelmehl, Vollkornmehl und Salz in eine Schüssel sieben. Eiweiß in eine Kuhle in die Mitte geben. Langsam Buttermilch und Wasser einrühren, bis eine glatte Masse entsteht.

Öl in Pfanne geben und bei hoher Temperatur erhitzen. Eine Kelle Teig (genug, um den Pfannenboden zu bedecken) in die Pfanne geben und verteilen. Den Crêpe etwa 1 Minute braten, bis er goldgelb ist.

Den Crêpe umdrehen und weitere 15 bis 20 Minuten braten, bis die Ränder leicht anbräunen. Vorgang mit dem restlichen Teig wiederholen. Sollten die Crêpes zu dick werden, Teig mit etwas Wasser verdünnen. Vor dem Servieren 1 ½ TL Aprikosen-Brandy-Konfitüre auf dem Crêpe verteilen. Crêpe einrollen und mit Crème fraîche und angerösteten Mandeln servieren.

MANGOSORBET MIT ERDBEERSAUCE

KCAL	FETT	CHOLESTERIN	BALLASTSTOFFE
84	0 g	0 Mg	3 g

Zutaten

Für 4 Portionen:
150 g gefrorene Mango
15 Erdbeeren
¼ Honigmelone
2 Zweige Minze
3 EL Wasser
1 EL Ahornsirup

Zubereitung

Eine kleine Schüssel und einen Teller mindestens 1 Stunde in den Gefrierschrank stellen.

Mango in einen Mixer geben und zu einer glatten Masse pürieren. Frucht sofort in die gekühlte Schale geben und 10 bis 20 Minuten zurück in das Gefrierfach geben.

7 Erdbeeren, Minze und Ahornsirup in einen Mixer geben und pürieren. Wasser hinzugeben und erneut mixen.

Melone entrinden und in Stücke schneiden. Sorbet mit Erdbeersauce und Melone servieren. Mit restlichen Erdbeeren garnieren.

WAFFELN MIT BIRNENSAUCE

KCAL	FETT	CHOLESTERIN	BALLASTSTOFFE
525	25 g	16 Mg	9 g

Zutaten

Für 1 Portion:
2 fertige Waffeln
2 Birnen
50 g Walnüsse
2 EL Ahornsirup
1 TL Ingwerpulver

Zubereitung

Walnüsse klein hacken. Birnen entkernen und würfeln.

Walnüsse in einer kleinen Pfanne etwa 5 bis 6 Minuten ohne Öl anrösten.

Birnen und Ingwer sofort hinzugeben und kurz verrühren. Ahornsirup hinzugeben und Masse 30 Sekunden kochen, bis sich der Sirup etwas reduziert. Von der Herdplatte nehmen.

Waffeln toasten und mit der Birnensauce servieren.

JOGHURT MIT MÜSLI UND FRÜCHTEN

KCAL	FETT	CHOLESTERIN	BALLASTSTOFFE
255	7 g	6 Mg	6 g

Zutaten

Für 1 Portion:
6 EL fettarmer Joghurt
4 Erdbeeren
50 g Müsli nach Wahl
50 g Blaubeeren
1 EL Mandeln

Zubereitung

Erdbeeren halbieren. Mandeln in einer Pfanne ohne Öl leicht anrösten.

4 Erdbeerhälften in den Boden eines Glas geben. 3 EL Joghurt darauf geben. Anschließend das Müsli darauf verteilen. Blaubeeren in das Glas geben und schließlich den restlichen Joghurt darauf verteilen.

Mit den restlichen Erdbeerhälften und den Mandeln toppen.

BEEREN-COOKIES

KCAL	FETT	CHOLESTERIN	BALLASTSTOFFE
108	6 g	7 Mg	2 g

Zutaten

Für 30 Kekse:
300 g Haferflocken
150 g Vollkornmehl
150 g Blaubeeren
50 g Walnüsse
100 ml Distelöl
100 ml Ahornsirup
1 Ei
2 TL Vanillearoma
1 TL Backpulver
1 Prise Zimt
1 Prise Salz

Zubereitung

Walnüsse klein hacken. Den Ofen auf 190 °C vorheizen. In einer Schüssel das Distelöl und den Ahornsirup verrühren. Ei, Vanille, Zimt und Salz hinzufügen und gut vermengen.

Haferflocken, Vollkornmehl und Backpulver in einer Schüssel mit einer Gabel vermengen. Blaubeeren und Walnüsse unterrühren.

Nach und nach die Ahornsirup-Mischung mit der Haferflockenmischung verrühren. Wenn der Teig noch zu trocken ist, ein bis zwei EL Wasser hinzugeben.

Zwei Backbleche mit Backpapier auslegen. Jeweils 1 EL Teig auf den Blechen platzieren. Teig leicht andrücken. Für 15 Minuten in den Ofen geben, bis die Kekse leicht anbräunen. Vor dem Servieren vollständig abkühlen lassen.

APFELRINGE MIT HONIG

KCAL	FETT	CHOLESTERIN	BALLASTSTOFFE
104	3 g	0 Mg	2 g

Zutaten

Für 4 Portionen:
4 Äpfel
1 EL Honig
1 EL Margarine
2 TL Zitronensaft

Zubereitung

Äpfel entkernen und in Scheiben schneiden.

Honig, Zitronensaft und Margarine vermengen. Mischung auf die Apfelscheiben pinseln.

Apfelscheiben auf einem aufgewärmten Grill oder in einer Grillpfanne 2 bis 3 Minuten grillen, bis sie leicht anbräunen.

Vor dem Servieren mit Zimt garnieren.

REISPUDDING MIT FRÜCHTEN

KCAL	FETT	CHOLESTERIN	BALLASTSTOFFE
257	1 g	5 Mg	3 g

Zutaten

Für 8 Portionen:
800 ml fettarme Milch
150 g Vollkornreis
400 ml Wasser
75 g brauner Zucker
50 g Ananasstücke
50 g getrocknete Aprikosen
50 g Rosinen
6 Eiweiß
1 TL Vanillearoma
1 Prise Zitronenabrieb

Zubereitung

Ofen auf 165 °C vorheizen. Wasser in einer Pfanne zum Kochen bringen. Reis hinzugeben und 10 Minuten kochen. Wasser abseihen

Braunen Zucker und Milch in einen zweiten Topf geben und erhitzen. Zitronenabrieb, Reis und Vanille hinzugeben und 30 Minuten bei niedriger Temperatur köcheln lassen, bis eine dicke Masse entsteht. Von der Herdplatte nehmen und abkühlen lassen.

Eiweiß in einer kleinen Schüssel schaumig schlagen. Aprikosen klein schneiden. Eiweiß, Aprikosen, Rosinen und Ananas hineinrühren.

Eine Auflaufform einfetten. Masse in die Auflaufform füllen und 20 Minuten in den Ofen geben, bis die Masse fest ist. Warm genießen.

SCHLUSSWORT

Ein hoher Blutdruck führt zu schwerwiegenden Folgeerkrankungen und ist für Herzinfarkte, Schlaganfälle und Nierenversagen verantwortlich. Wenn Sie bereits an einer Hypertonie leiden, ist es unumgänglich, dass Sie Ihre Lebensweise ändern, sich gesund ernähren und mehr Bewegung in Ihr Leben integrieren. Eine komplette Umstellung sollte so schnell wie möglich erfolgen, um schwerwiegenden Folgeerkrankungen entgegenzuwirken, die zwangsläufig große Einschränkungen mit sich bringen.

Natürlich fällt es nicht leicht, massive Veränderungen vorzunehmen und alte Gewohnheiten abzulegen. Ihre Gesundheit wird es Ihnen aber danken. Ich habe Ihnen in meinem Buch gezeigt, wie es geht. Sie werden daraus großartige Vorteile ziehen und ein besseres Wohlbefinden bekommen. Versuchen Sie es einfach und starten Sie jetzt mit Ihrem neuen, gesunden Leben durch, Ihrer Gesundheit zuliebe!

Haftungsausschluss
Die hier dargestellten Inhalte dienen ausschließlich der neutralen Information. Sie stellen keine Empfehlung oder Bewerbung der beschriebenen oder erwähnten diagnostischen Methoden, Behandlungen oder Arzneimittel dar. Der Text erhebt weder einen Anspruch auf Vollständigkeit noch kann die Aktualität, Richtigkeit und Ausgewogenheit der dargebotenen Information garantiert werden. Der Text ersetzt keinesfalls die fachliche Beratung durch einen Arzt oder Apotheker und er darf nicht als Grundlage zur eigenständigen Diagnose und Beginn, Änderung oder Beendigung einer Behandlung von Krankheiten verwendet werden. Konsultieren Sie bei gesundheitlichen Fragen oder Beschwerden immer den Arzt Ihres Vertrauens. Die Autorin übernimmt keine Haftung für Unannehmlichkeiten oder Schäden, die sich aus der Anwendung der hier dargestellten Information ergeben.

Impressum
Herausgeber: Kristina Naumovic, Jürgen-Töpfer-Str. 91, 22763 Hamburg

Printed in Great Britain
by Amazon